János Kalmár | Barbara Sternthal

# Gelebte Räume

János Kalmár | Barbara Sternthal

# Gelebte Räume

Wie ArchitektInnen wohnen

Residenz Verlag

# Vorwort
## Wie Architektinnen &
## Architekten wohnen

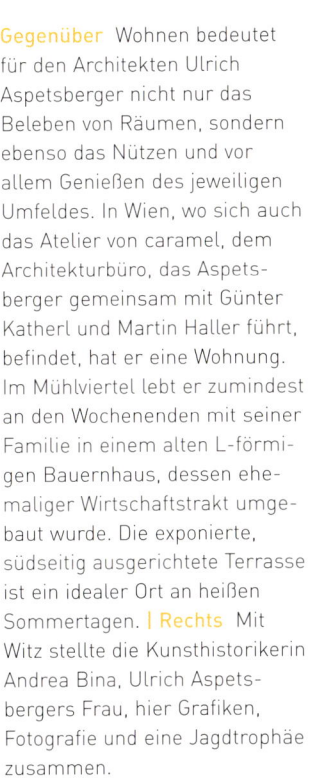

**Gegenüber** Wohnen bedeutet für den Architekten Ulrich Aspetsberger nicht nur das Beleben von Räumen, sondern ebenso das Nützen und vor allem Genießen des jeweiligen Umfeldes. In Wien, wo sich auch das Atelier von caramel, dem Architekturbüro, das Aspetsberger gemeinsam mit Günter Katherl und Martin Haller führt, befindet, hat er eine Wohnung. Im Mühlviertel lebt er zumindest an den Wochenenden mit seiner Familie in einem alten L-förmigen Bauernhaus, dessen ehemaliger Wirtschaftstrakt umgebaut wurde. Die exponierte, südseitig ausgerichtete Terrasse ist ein idealer Ort an heißen Sommertagen. | **Rechts** Mit Witz stellte die Kunsthistorikerin Andrea Bina, Ulrich Aspetsbergers Frau, hier Grafiken, Fotografie und eine Jagdtrophäe zusammen.

Begibt man sich auf die Spur des alltäglichen, selbstverständlich und meist unreflektiert verwendeten Begriffs »wohnen«, treten interessante Resultate zutage. Das althochdeutsche »wonên« beispielsweise bedeutet nicht nur »sich aufhalten« oder »gewohnt sein«, es steht auch für »zufrieden sein«. Im Englischen wird mit *to live* zwischen »leben« und »wohnen« gar nicht unterschieden. Zur Etymologie gesellt sich die Philosophie. Martin Heidegger beispielsweise, dem man im Allgemeinen eher attestiert, in seinem luzide-analytischen Denken weit über dem Alltag zu stehen, befasste sich in seinem Spätwerk mit dem Thema und komprimierte es gewissermaßen mit dem Vortrag *Bauen Wohnen Denken* (1951). Der Zusammenhang des Wohnens mit der Architektur ist augenscheinlich, wird aber gerade über die Philosophie noch einmal deutlicher, wenn man sich Ludwig Wittgenstein zuwendet, der im Vergleich damit, ein Haus zu bauen, seinen *Tractatus logico-philosophicus* für eine Finger-

**Links und unten** Der alte Heustadl, 20 Meter lang und 6 Meter breit, bot sich aufgrund seiner südseitigen Lage und wegen des Traumpanoramas über die sanfte Mühlviertler Landschaft für einen Umbau in Wohnraum geradezu an. Die Balken waren von Aspetsberger nicht in dieser Massivität vorgesehen, sie sind eine selbstbewusste Eigenmächtigkeit lokaler Handwerker.

übung hielt: »Wenn Du findest, Philosophie sei schwierig, dann lass Dir gesagt sein, dass sie nichts im Vergleich zu der Mühe ist, die es verlangt, ein guter Architekt zu sein«, ließ er in einem Brief wissen, nachdem er 1926 gemeinsam mit Paul Engelmann die Planung und den Bau des Stadtpalais seiner Schwester Margarethe Stonborough in Wien übernommen hatte. Wittgensteins Klage nimmt nicht wunder, bedenkt man, dass er ja nicht bloß irgendein Haus bauen wollte, sondern seine Maxime eines selbstbestimmten und selbstverantworteten Lebens in Architektur zu transferieren trachtete.

Einfach ausgedrückt heißt das nichts anderes, als dass Wohnungen und Wohnhäuser einerseits das Wesen ihrer Bewohner zu beeinflussen imstande sind, andererseits, dass die gebauten und eingerichteten Lebensräume etwas über uns Bewohner mitteilen. Es bedeutet aber auch, dass Wohnraum weit mehr zu leisten hat, als bloß vier Wände und ein Dach über dem Kopf zu bieten. Womit sich der Wortherkunft und der Philosophie die Psychologie angeschlossen hat, was Sir Winston Churchill auf den Plan ruft, der in gewohnt pointierter Weise meinte: »We give shape to our buildings, and they, in turn, shape us.« – Wir formen unsere Gebäude, die wiederum uns formen.

Rechts  Der alte Teil von Ulrich Aspetsbergers Bauernhaus wurde sorgfältig adaptiert. Die Stube mit dem alten, gesetzten Herd blieb ebenso erhalten wie die originalen kleinen Fenster. Im oberen Geschoß befindet sich außerdem ein großzügiges Schlafzimmer.

**Oben** Erstaunlich an diesen alten Bauernhäusern ist, dass der Dialog zwischen drinnen und draußen, zwischen Natur und Innenraum trotz kleiner Fenster stattfinden kann. Die traditionelle Funktion der geringen Fensterfläche liegt dabei auf der Hand: Im Sommer schützen sie vor der Hitze, im Winter halten sie die Wärme drinnen und bewahren die Bewohner vor den rauen Nordwinden, denen das Mühlviertel oft ausgesetzt ist.

Gemeinhin formen wir selbst letztlich innerhalb eines begrenzten Spielraums, dessen Hauptelement in den meisten Fällen ein vorgegebener Grundriss ist. Da stehen wir dann vor den neuen leeren Räumen, wünschen sie uns behaglich, individuell, kultiviert und funktionell. Und unversehens werden die Fragen des Wohnens existenziell: Wer bin ich, was will ich? Üppige Extravaganz? Eleganten Purismus? Minimalismus, der sich auf das Wesentliche beschränkt? Eine Mischung aus all dem? Hat es Berechtigung, unverschämt viel Geld für Designermöbel auszugeben, sich einen Eames, einen Le Corbusier, eine Leuchte von Castiglioni ins Wohnzimmer zu stellen oder das Badezimmer mit Philippe-Starck-Armaturen zu bestücken? Manifestiert all das ein Bewusstsein für das Schöne oder sind es bloß Surrogate für das Fehlen von so viel Selbstbewusstsein, nicht einmal mehr *einen* Gedanken darauf zu verschwenden, was allfällige Besucher über die eigenen vier Wände denken, Fisimatenten für den Mangel an eigener Kreativität, ja – noch ein wenig weiter gegriffen – für das Unvermögen, wahrhaft eigene Bedürfnisse zu erkennen?

So bewusst stellen sich all diese Fragen natürlich selten. Sie brodeln irgendwo tief in uns drinnen und machen sich unangenehm bemerkbar, wenn wir uns irgendwo nicht wohl fühlen. Wer sich mit all dem jedoch sehr genau, sehr detailliert und um Lösungen ringend auseinandersetzt, sind Architektinnen und Architekten, die Grundrisse und Raumvolumina schaffen, Proportionen festlegen und Lichtführungen erdenken, die letztlich in einem glücklichen Zusammenwirken auf unser Wohlbefinden wirken sollen. Gerade ArchitektInnen also nehmen allein schon von Berufs wegen Räume höchst sensibel wahr.

So liegt der Umkehrschluss nahe: Wenn wir es schwer haben, unsere Räume zu gestalten, wie lösen die Fachleute diese Aufgabe für sich selbst? Ist ihnen ihr profundes Wissen um Möglichkeiten der Gestaltung, des Einsatzes von Materialien, der Organisation von Raum von Nutzen? Oder, im Gegenteil, behindert sie ihr eigenes facettenreiches und vielfältiges Know-how, weil die Entscheidungen schwer fallen? Experimentieren sie mit Raum und Einrichtung? Verändern sie, oder versuchen sie ein für alle Mal das Perfekte, das Definitive, das Unbeugsame zu schaffen? Der langen Rede kurzer Sinn: Wie wohnen Menschen, deren Beruf es ist, Räume für andere zu schaffen?

Hiermit ist die Einladung ausgesprochen, sechsunddreißig österreichischen Architektinnen und Architekten einen Besuch in ihren Wohnungen und Häusern abzustatten. Einmal zu sehen, wie jene, die mit der großen Verantwortung umzugehen wissen, unsere Lebensräume zu schaffen, ihre Privaträume gestalten. Zu sehen, wie wesentlich das Spiel aus Licht und Schatten ist, wie jene, die wissen, wie das geht, Räume und Grundrisse für sich konzeptionieren, wie sie das vorhandene Volumen organisieren. Eines sei vorweggenommen: Ja, Architektinnen und Architekten wohnen mit einem Höchstmaß an bewusster Raumgestaltung – und diese sieht bei jeder, bei jedem anders aus. Keine zwei Wohnungen, die einander auch nur ähneln, keine Raumorganisation, die sich als das Ideal schlechthin festlegen ließe. Das einzig Wahre kann sich folglich auch in diesem Buch nicht finden. Doch was zu finden ist, sind großartige Möglichkeiten, ist ein ganzer Kosmos an Varianten, was gutes Wohnen bedeuten kann.

**Biografisches**

Ulrich Aspetsberger, Jahrgang 1967, gründete 2000 gemeinsam mit Martin Haller und Günter Katherl das Architekturbüro caramel. Die rezenten Bauaufträge resultieren aus erfolgreichen Teilnahmen an internationalen Wettbewerben. Neben der Realisierung von Großprojekten (u. a. Science Park Linz, WIFI Dornbirn) widmet sich caramel Designstudien und ausgefallenen Einfamilienhausprojekten. Vortragsreihen, Lehrveranstaltungen und Kunstprojekte – darunter die fernsteuerbare Regenwolke auf dem Ausstellungsgelände der venezianischen Architekturbiennale 2004 – vervollständigen den umfassenden Architekturbegriff von caramel (www.caramel.at).

# Ganz hinten im Zaubergarten

## Luigi Blau, Wien

**Gegenüber** Dieser Raum im Zentrum von Luigi Blaus Haus diente ursprünglich als Atelier eines Fotografen. Heute ist es ein prächtiger, lichtdurchfluteter multifunktionaler Raum, der an Großzügigkeit nur schwer zu überbieten ist. Die Möblierung scheint zufällig, ist jedoch eine harmonische Komposition: ein Stahlrohrstuhl von Mies van der Rohe (links), die grüne Lederbank und der Hocker hinten sind Entwürfe Luigi Blaus für das Wiener Burgtheater, der runde Hocker im Vordergrund ist von Josef Hoffmann. | **Rechts** Vor dem verwunschenen Zauberschloss Luigi Blaus. Im Erdgeschoß befinden sich die Wohnräume von Luigi Blaus Ehefrau sowie die große Wohnküche, das Dachgeschoß wurde zum Architekturbüro ausgebaut. Der Wohnturm befindet sich im rechten, leicht nach hinten versetzten Flügel.

Es ist, als träte man in einen Garten ein, dessen Anblick sich nur jenen enthüllt, die mit den Augen der Fantasie zu sehen vermögen: Mitten in der Stadt, an einer belebten und verkehrshöllisch lauten Einkaufsstraße im 8. Bezirk, gelangt man über das alte Kopfsteinpflaster in der Einfahrt eines der typischen Wiener Mietshäuser der vorletzten Jahrhundertwende in den zweiten Innenhof – und plötzlich scheint es, als hätte man unvermittelt die Stadt verlassen. Es ist ganz still, es ist ganz grün vom Efeu, und am Ende des Gartens steht ein zauberhaftes sonnengelbes Haus. Bei näherem Hinsehen stellt sich das Märchenschlösschen allerdings als einigermaßen progressiv heraus: Im Zentrum der strukturierten Fassade schwebt in der Höhe der ersten Etage zehn Meter lang und etwa fünf Meter hoch ein luftiges Element aus Stahlstreben und Glasflächen. Das Haus hatte sich um 1900 ein Fotograf umgebaut, das gläserne Herzstück war sein Atelier.

**Links und gegenüber** Der Wohnturm: Was aus der Not geboren wurde, entwickelte sich zu architektonischer Tugend. Da während der Renovierung die Zwischendecke teilweise eingebrochen war, schuf Blau mit vier ineinander übergehenden Ebenen einen ungewöhnlichen Wohnraum. Ganz unten wurde das Badezimmer installiert (oben rechts); im ersten Zwischengeschoß befindet sich das Schlafzimmer, als Bibliotheken wurden das dritte (es befindet sich auf der Höhe des originalen ersten Stocks) und das vierte Zwischengeschoß, die Galerie (rechts), eingerichtet. Das verbindende Element sind Geländer und Handläufe aus Stahlrohr, die in ihrer Form die Bugholzmöbel des Wiener Fin de Siècle zitieren.

Luigi Blau mietete das Gebäude 1973 und hat in all der Zeit nichts an Begeisterung über sein Domizil verloren, in dem er für seine Frau und sich eine ideale Form des Wohnens und Arbeitens schuf. Dass im Zuge der Renovierung nicht nur der Kenntnisreichtum des Architekten gefragt war, sondern über weite Strecken die hohe Kunst der Improvisation, hat dem ungewöhnlichen Ambiente letztlich seinen unverwechselbaren Charakter gegeben. Da ist vor allem der Wohnturm im rechten Teil des Hauses. Unterschiedliche Ebenen, Zwischendecken und Glaswände, Treppen, gebogene Geländer, eine schmale Galerie mit Bibliothek und Schreibtisch. Was sich wie eine harmonisch gewachsene Struktur darstellt, entstand, indem Luigi Blau aus der Not die Tugend machte. Denn während der Revitalisierung des von den Zeitläuften doch einigermaßen mitgenommenen Baus brach die Zwischendecke teilweise ein, also wurde ohne großen Kapitaleinsatz eine räumlich spannungsreiche Lösung gefunden.

**Links** Wohlgeordnet präsentieren sich die im ganzen Haus verteilten Bibliotheken des Viellesers Luigi Blau. Sie sind nicht nur funktionell, sondern überall auch Sichtbezug und ästhetisches Detail. Im unteren Teil des riesigen Atelierraums befindet sich diese Lesenische mit einem Bürodrehstuhl von Aarne Jacobsen. Links ein Hocker von Josef Hoffmann, rechts ein Thonet-Schaukelstuhl und ein Bücherregal aus dem Biedermeier. An der Wand ein Gemälde des österreichischen Malers Wolfgang Herzig. Die sechs großen Glasbodenfliesen sind ebenfalls gleichermaßen funktionell wie ästhetischer Blickfang: Das Untergeschoß bekommt dadurch zusätzliches Tageslicht. **| Gegenüber** Die große Küche mit dem Esstisch im Erdgeschoß des Hauses. Die Möbel sind Trouvaillen aus hundertfünfzig Jahren Innenarchitekturgeschichte, die Lampen von Paolo Rizzatto *(Costanza).*

Nähme man fürs Wohnen musikalische Terminologie zu Hilfe, könnte man den Wohnturm als kontemplatives kammermusikalisches Meisterstück bezeichnen: Das Thema wird, von der untersten Ebene betrachtet, mit einer schlichten Betontreppe eröffnet, an deren Fuß gleichermaßen Einblicke und Blickbegrenzungen die Spannung steigern. Mit jeder weiteren der vier Ebenen des Wohnturms – dank der ursprünglich hohen Räume wurden aus zwei Ebenen vier – wird dieses Thema optisch so variiert, dass man nie zweimal dasselbe Bild vor Augen hat, bis man schließlich ganz oben auf der schmalen Galerie ankommt, wo man den Blick in die weite Welt lenkt – ob das ein Buch ist oder der Garten und der Himmel, bleibt dem Betrachter und dem Augenblick überlassen.

Seine Wurzeln, die in der klassischen Moderne, in der Architektur von Otto Wagner, Adolf Loos, Josef Frank und Ernst A. Plischke liegen, verleugnet Luigi Blau in keiner Weise. Mit unprätentiöser Selbstverständlichkeit zitiert er seine Vorgänger, nimmt sie in Form einzelner Möbel auf in sein Interieur und lässt doch nicht zu, dass sie seine eigene Kreativität überlagern.

Der rund fünfzig Quadratmeter große Raum mit der Glasfront – behutsam renoviert, sparsam möbliert – ist das geniale Zentrum des Hauses. »Architektur und Einrichten ist nicht Kunst«, sagt Blau, »sondern eine Frage der Intelligenz und der Ästhetik.« Und, möchte man hinzufügen, es ist das intuitive Begreifen und reale Umsetzen dessen, was den Menschen in seinen vier Wänden glücklich macht. Luigi Blau lebt in diesem Raum, hat seinen Schreibtisch, an dem er entwirft, liest, nachdenkt, so platziert, dass sich die Glasfront und die ganze Länge des Raums vor ihm erstrecken. Den Rücken des bibliophilen Viellesers schützt eine breite Bücherwand, die Sichtbezüge sind vielfältig: Eine Messerschmidt-Kopie auf dem Schreibtisch, ein mittelalterlicher chinesischer Buddha, eine afrikanische Maske. An der gegenüberliegenden Wand zeitgenössische österreichische Kunst und im ganzen Raum scheinbar zufällig verteilte Möbeltrouvaillen, die den Zeitraum zwischen 1820 und der Gegenwart umspannen und unter anderem von Josef Hoffmann, Otto Wagner, Mies van der Rohe und Ernst A. Plischke stammen. In der Mitte des Raumes unterbricht ein im Zaum gehaltener Dschungel die riesige Fläche, lässt aber genug Durchblick, um dem Raum nichts an Großzügigkeit zu nehmen. Doch in der Hauptsache ist es das Spiel des ungehindert einfallenden Lichts, das dieses Atelier so über die Maßen attraktiv macht.

Wenn Luigi Blau Besucher durch sein Haus führt, hat dies etwas von einer ereignisreichen Reise, von der man mit unendlich vielen fantastischen Eindrücken zurückkehrt. Es ist sehr authentisch, dieses Haus, entspricht es doch in jeder Hinsicht dem, was Luigi Blau über Architektur und Wohnen an sich denkt: »Sich in spannungsreichen Räumen zu bewegen, intelligente und elegante Möbel zu besitzen und zu sehen, trägt zur kontemplativen Qualität unseres Lebens bei.« Und: »Ohne eine gute Wohnung kann ein sensibler Mensch sehr leicht verrückt werden.« Dafür besteht hier nicht die geringste Gefahr.

## Biografisches

Luigi Blau, Jahrgang 1945, studierte Architektur bei Ernst A. Plischke an der Akademie für bildende Künste in Wien (1966–73). Seine Formensprache, die ganz bewusst an die Wiener klassische Moderne anknüpft, entwickelte sich während seines Studiums. Blau ist einer der wesentlichen Architekten Österreichs, zu dessen bekanntesten Arbeiten eine Reihe von Villen – darunter das Haus Bene in Waidhofen an der Ybbs oder das Haus Hofer/ Wittmann in Etsdorf am Kamp –, die Renovierung und Innenausstattung von Demmers Teehaus in Wien, die Neugestaltung diverser Geschäfte, aber auch die Verwirklichung von Ausstellungen, darunter die legendäre Festwochenausstellung von 1987 »Zauber der Medusa« zählt. Berühmt ist Blaus Konzept der Wiener Stadtmöblierung, die ab 1992 realisiert wurde und Wartehäuschen, Telefonzellen, Altkleidercontainer und Mistkübel umfasst. Seine Prinzipien der Sorgfalt, Funktionalität und Kultiviertheit verwirklichte Luigi Blau in Wien unter anderem auch mit der Gestaltung des Siebenbrunnenplatzes, der Renovierung und Innenausstattung des Ronacher und der Gestaltung des Burgtheater-Restaurants Vestibül, aber auch mit Möbelentwürfen (www.luigiblau.at).

# Urban Feeling
## Rita Reisinger, Wien

**Gegenüber** Der Sofatisch aus Glas und Stahl ist eine ganz besondere Trouvaille, an der Rita Reisinger sehr hängt: Es ist ein Entwurf von Ronald Schmitt aus dem Jahr 1970. Längst ein Klassiker ist die Stehlampe *Havana* von Jozeph Forakis.
| **Oben links** Der Blick aus dem Wohnzimmer in Richtung Küche beziehungsweise auf die Galerie. Links die *Aluminium Group Chairs* von Charles und Ray Eames, oben eine Fotografie von Norbert Brunner, der Würfel hinter dem Eames-Sessel ist, wie auch das Bild hinter dem Sofa, eine Arbeit von Christian Ruschitzka. | **Oben rechts** Ein Blick in das Badezimmer, in dem Glasscheiben an Stahlschienen diversen Stauraum verbergen.

Wie jemand wohnt, ist oft weniger eine Frage des Geschmacks, den man mit den Jahren ausgebildet hat, es ist oft auch das definitive Kontrastprogramm dazu, in welchem Ambiente man aufwuchs. Wer in der Stadt groß geworden ist – ohne Garten, in einer Wohnung –, den zieht es später vielleicht aufs Land oder zumindest an den grünen Stadtrand. Oder es ist wie im Fall Rita Reisingers, die in einem kleinen Dorf im Mühlviertel ihre Kindheit und Jugend verbrachte und dann nichts so sehr genoss, wie endlich zum Studium in die Großstadt zu dürfen. In ein anonymes Umfeld, in ein Paradies an urbanen Möglichkeiten und Angeboten. Zwanzig Minuten zum Naschmarkt, um Feines für Gäste einzukaufen, zehn Minuten ins Museumsquartier auf einen Espresso – ein Gefühl, das Rita Reisinger immer noch mit Freude an der vor Jahren gewonnenen Freiheit erfüllt.

Urban ist auch die Atmosphäre in dem Dachgeschoß, das sie mit ihrem

Mann und ihrer kleinen Tochter Barbara bewohnt: Mitten im 8. Bezirk gelegen, erstreckt es sich über zweieinhalb Etagen, wobei die oberste eine prachtvolle westseitig ausgerichtete Terrasse einnimmt. Bis es aber so aussah wie heute – frei, weitläufig, luftig –, musste die Architektin doch allerlei gezielte Interventionen setzen. Die Küche zum Beispiel war ursprünglich nur relativ offen angelegt: Schiebetüren aus satiniertem Glas verstellten der passionierten Köchin, der sechsgängige Menüs keinerlei Kopfschmerzen bereiten, den Blick auf die Gäste. Also wurden sie eliminiert und gleichzeitig der Küchenbereich vergrößert: Aus einem kleinen Eingangsbereich »fällt« man förmlich in diese offene, einladende Wohnküche mit dem langen Esstisch.

Offen, frei und ohne optische Barrieren schließt der große Wohnraum an, von dem aus die Treppe in die obere Etage führt, wo Schlaf-, Kinder- und Badezimmer, ein Arbeitsbereich sowie – auf der schmalen Galerie über dem Wohnzimmer – ein Chill-out-Bereich untergebracht sind. Und dann sind es nur noch ein paar Stufen hinauf zur Terrasse: »Die Wohnung ist so offen angelegt,

**Oben** Für die talentierte Köchin Rita Reisinger ist die Küche genuin ein zentraler Bereich. Hier bekocht sie vergnügt ihre Gäste, die ihr von den *Fjord Bar Stools* von Patricia Urquiola aus in die Töpfe schauen dürfen. | **Gegenüber links** Die Stadt vor den Füßen hat Rita Reisinger auf ihrer Terrasse. | **Gegenüber rechts** Gästebett, vor allem aber die sogenannte Chill-out-Zone für Mutter und Tochter: Die Matratze liegt in einer Bodenvertiefung.

dass die Terrasse – zumindest im Sommer – zu meinem Rückzugsraum wurde. Hier kann ich lesen, am Abend in die Sterne gucken und manchmal auch schlafen.« Eine überaus nachvollziehbare Aussage, nimmt man sich für den Ausblick, der unter anderem Otto Wagners goldene Kuppel der Kirche am Steinhof einschließt, nur ein paar Minuten Zeit. Und dass Rita Reisinger unter keinen Umständen mehr auf dem Land leben möchte, versteht man hier oben noch ein bisschen besser: Wien ist eine schöne Stadt, doch aus dieser Perspektive betrachtet, wirkt sie wie ein Geschenkpaket voller ungeahnter Wunder, die nur darauf warten, entdeckt zu werden.

### BIOGRAFISCHES

Rita Reisinger, Jahrgang 1969, studierte an der TU Wien, wo sie das Architekturstudium 1994 abschloss. Nach einem Studienaufenthalt in den USA und der Bürogründung mit Johannes Scheurecker ging sie 2002 zu silberpfeil-architekten. Gemeinsam mit ihren Kollegen Peter Rogl und Christian Koblinger realisierte sie bis zur Geburt ihrer Tochter im Jahr 2007 eine Reihe spannender Projekte, deren prominentestes der groß angelegte Luxus-Dachausbau in der Goethegasse im 1. Bezirk ist (www.silberpfeil-architekten.at).

# Das junge Denken
## Anton Schweighofer, Wien

**Gegenüber** Das Raumkontinuum von Anton Schweighofers Wohnhaus in Wördern besteht nicht nur innerhalb der Wände. Auch drinnen und draußen bilden ein Kontinuum, womit der große Zentralraum im Erdgeschoß gleichermaßen Innen- wie Außenraum ist, der sich durch eine Reihe semitransparenter Jalousien abgrenzen oder öffnen lässt. Der Sessel in der Mitte war ursprünglich nicht geplant, denn eigentlich unterbricht er den offenen Charakter dieses »Konziliarraums«, doch mittlerweile ist er ein geliebter Leseplatz geworden und nicht mehr wegzudenken. | **Rechts** Von zahllosen Reisen hat Anton Schweighofer Artefakte mitgebracht. Diese Skulptur stammt aus Afrika und vermag mit ihrer starken Aura in jener des Wohnhauses zu bestehen.

Als wäre es aus Licht gebaut, als wäre es eine Haus gewordene Idee, als wäre es einzig aus dem Grund errichtet, seinen Bewohnern einen Ort zu schaffen, an dem sie frei und unabhängig von den tragischen Auswirkungen lebensspiel- und menschenfeindlicher Konventionen ihren Geist, ihre Fantasie fliegen lassen können: Anton Schweighofer, juvenil und beweglich in seinem Denken und im Ausdrücken seiner Gedanken, hat für sich und seine Frau in St. Andrä-Wördern ein Wohngebäude errichtet, für das der Begriff »Haus« hier nur der Einfachheit halber verwendet werden wird. Vielmehr ist es eine bewohnbare Skulptur, deren äußere Erscheinung einer Variation über das Thema »Tempel« ähneln mag, deren Innenleben Weite, Raum, Volumen neu definiert: Äußeres und Inneres befinden sich tatsächlich weit weg vom Herkömmlichen und Erwarteten, sind eine Art Kraftplatz der Unangepasstheit, des eigenständigen, unbeeinflussten Denkens und einer starken Emotionalität, die die Distanz

**Links** Alles hat den Sinn, den der Betrachter ihm zu geben vermag: So mancher attestierte Anton Schweighofer, er hätte sich mit dem Haus im Wördern ein Denkmal gesetzt. Der bewohnbaren Skulptur, die der große Architekt für sich und seine Frau geschaffen hat, wohnt zwar durchaus die Stärke eines Denkmals inne, dennoch hat es nichts von der steinernen Unbeweglichkeit, der saturierten Traditionalität, die ein solches üblicherweise auszeichnet. Vielmehr ist es ein Versuch, wie weit Träumen, Freiheit, Grenzenlosigkeit, fühlende Berührbarkeit tatsächlich in Raum zu übersetzen sind. Anders und als Frage ausgedrückt: Können die Elemente der Architektur – Raum, Volumina, Proportionen – zur Bereicherung des Menschseins dienen? Angelegt ist der Bau auf oktogonalem Grundriss, eine Form, deren Zahl einige Symbolik innewohnt: Im Chinesischen ist sie aufgrund des Gleichklangs mit dem Wort »voran« eine Glückszahl; der Morgenstern als Symbol der Göttinnen Ischtar und Venus wurde achtstrahlig dargestellt; die Etrusker gingen von acht Weltzeitaltern aus; der hinduistische Gott Vishnu umspannt die Welt mit acht Armen und im Buddhismus führt der achtfache Weg zur Befreiung. Dass einige wesentliche Sakralbauten des westlichen Abendlandes – darunter San Vitale in Ravenna und der Aachener Dom – über achteckigem Grundriss angelegt wurden, sei der Vollständigkeit halber ebenfalls erwähnt.

**Rechts** Anton Schweighofer wurde in der Türkei, und zwar in der Nähe von Trabzon (dem früheren Trapezunt) am Schwarzen Meer, geboren, weil seine aus Salzburg stammenden Eltern damals – es war die Ära Kemal Atatürks – in der Türkei lebten und arbeiteten. Schweighofers Liebe zu Weite und Großzügigkeit stammt aus diesen seinen ersten sieben Lebensjahren am Meer.

zur eigenen Berührbarkeit, zum eigenen Fühlen unvermittelt verschwinden lässt.

Die Idee für dieses Haus bestand lange, bevor hier der erste Aushub für das Fundament begonnen wurde. Vor bald vier Jahrzehnten wurde Anton Schweighofer gebeten, einen Vortrag über indische Tempelarchitektur zu halten, wofür er ein kleines Modell für eine Art Idealform eines Tempels baute. Jahrelang geisterte dieses Modell im Kopf des Architekten herum, bevor er seine Qualität als Wohnhaus in die Realität umzusetzen bereit war. Hilfreich war dabei seine Frau, die Schweighofers Gabe zur Abstraktion Praxisbezogenheit und Realitätssinn hinzufügte. Auf einem Grundstück, das zur Großgärtnerei der Familie seiner Frau gehörte, begann er schließlich Anfang der 1990er Jahre mit der Errichtung dieses Hauses: Der Bau, das war Anton Schweighofers Vorgabe an sich selbst, sollte so normal, so einfach wie möglich sein, die spätere Nutzung als Wohnhaus keinesfalls faule Kompromisse traditionellen Funktionalismus verursachen. So entstand auf einem Betonsockel ein fünfgeschoßiges Gebäude in Holzständerbauweise, dessen äußere Erscheinung das Himmelstrebende – die vertikalen Fichtenlatten – angemessen im Geerdeten zu verankern vermag. Betritt man das Haus, öffnet sich ein Raumkontinuum, das sich scheinbar grenzenlos in unendliche Höhen erstreckt. Über einem achteckigen Grundriss erstrecken sich im ebenerdigen Bereich ein ebenfalls oktogonaler Zentralraum über zwei Geschoße und, rund um diesen, Sitz,- Ruhe- und Arbeitsbereiche sowie die Küche. Das erste Obergeschoß ist rund um den Zentralraum angelegt. Hier oben befinden sich die Schlaf- und Badezimmer, davor ein rundherum führender Gang, durch dessen hohe Fenster man in den darunterliegenden Bereich blickt, aber natürlich auch nach oben, wo das Licht durch die semitransparenten Zwischendecken einströmt. Die Schiebetüren dienen nur dem Zweck einer gewünschten Abgrenzung, nicht aber der Aussperrung. Auch die Fenster der Galerie sind nicht Trennung, sondern Verbindung, die dennoch in der Lage ist, die Akustik zu minimieren. Das zweite Obergeschoß schließlich ist ein an fünf Seiten raumhoch verglaster, an drei Seiten durch Holzverschalung geschützter Raum. Entlang der fünf verglasten Seiten erstreckt sich eine überdachte Terrasse. Hier bekommt man zunehmend das Gefühl, sich in einem Baumhaus zu befinden, denn von der Terrasse aus kann man einen der großen Nadelbäume auf dem Grundstück nicht nur sehen, sondern auch angreifen – ganz als wäre man nicht im Haus nach oben gestiegen, sondern den Baum emporgeklettert. Ganz oben

**Unten** Als wäre man in einem Baumhaus und statt der Treppen einen Stamm hinaufgeklettert: Die Terrasse aus unterhalb nicht verkleideten Holzlatten ist nichts für Menschen mit Höhenangst – für jene, die davon träumen, fliegen zu können, ist sie ein idealer Ort. »Raumfreiheit«, sagt Anton Schweighofer, »schließt Höhe mit ein. Irgendwann will man keine Grenzen mehr, sondern nur noch Offenheit.«

schließlich die Laterne – durchaus auch im Sinne barocker Sakralarchitektur: Das achteckige Turmzimmer hat rundum Fenster und liegt über dem Dach der Terrasse.

Der gesamten Raumkonzeption liegt die Idee übergreifender Raumverbindungen zugrunde, die sich dank verschiedener Einrichtungen verändern lassen: Jalousien gibt es nicht nur an den Fenstern, sondern auch rund um die Bereiche des Zentralraums. So wird das Raumkontinuum, das nicht nur innen, sondern auch in der Verbindung mit der Natur draußen besteht, zum variablen Raum, der in der Lage ist, sich den Bedürfnissen des Moments anzupassen.

So mancher Besucher war verwundert, warum sich ein Ehepaar in einem Alter, in dem sich andere der Barrierefreiheit wegen einen eingeschoßigen Bungalow bauen, ein turmartiges Haus errichtet, in dem viele Stufen zu überwinden sind. Daran hat Anton Schweighofer nie gedacht. Er hat ein Raumwerk geschaffen, mit dem er herausfinden wollte, wie weit sich die Worte Freiheit und Grenzenlosigkeit in Raum übersetzen lassen. Eine architektonische Versuchsstation, in der gelebt wird, was Anton Schweighofer von Architektur fordert: Keine (sich an-)dienende Kraft zu sein, sondern eine gebende, vermittelnde, die zum Träumen anregt, die zu Sensitivität und Empfindungsfähigkeit verführt und animiert. Es bedurfte wohl der Lebenserfahrung und der inneren Kraft und Lebendigkeit eines Anton Schweighofer, um aus diesen Prämissen keine lakonische Eitelkeit entstehen zu lassen, sondern ein Bauwerk, das in seiner ganzen ungewöhnlichen äußeren Erscheinung von berührend schlichter Wahrhaftigkeit ist.

**Rechts** Im Erdgeschoß bilden die kürzeren Seiten des Oktogons Nischen, die zum Zentralraum hin offen sind und doch Intimität und Zurückgezogenheit vermitteln. Überall aber besteht die Offenheit zwischen drinnen und draußen und den Geschoßen darüber.

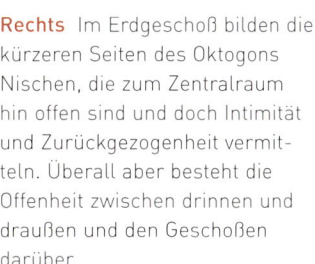

## Biografisches

Anton Schweighofer, Jahrgang 1930, studierte Architektur bei Clemens Holzmeister an der Akademie für bildende Künste in Wien und arbeitete danach in Österreich, Schweden und der Schweiz. Ab 1959 arbeitete er als freischaffender Architekt und schuf eine Vielzahl wegweisender Bauten, darunter SOS-Kinderdörfer in Indien und Korea, private und kommunale Wohnbauten in Berlin und Wien, öffentliche Bauten, darunter das Institut für Verhaltensforschung auf dem Wilhelminenberg sowie das Institutsgebäude der Universität für Bodenkultur in Wien, den Stadtsaal in Mistelbach, mehrere Schulen und die »Stadt des Kindes« ebenfalls in Wien. Ab 1977 war Anton Schweighofer Professor für Gebäudelehre und Entwerfen an der TU Wien. Das Wohnhaus in Wördern als Sukkus eines lebenslangen Schaffens entstand zwischen 1992 und 1995.

# Poesie & Funktionalität
## Carmen Wiederin & Philipp Tschofen/propeller z, Wien

Gegenüber  Zurückgezogen und doch mitten im Geschehen: Dank der Leichtigkeit der gesamten Konstruktion, die ein Sportnetz als Geländer einschließt, und wegen der Fenster auf den Terrassengarten und in den Himmel beschwert die Empore den Gesamteindruck des Raums nicht im Geringsten. | Rechts  Eine Rauminstallation von propeller z, in diesem Fall als verkleinertes Modell.

Zwei Mitglieder der Architektengruppe propeller z, die zu den kreativsten und meistbeachteten der Szene zählt, haben sich Ende der 1990er Jahre einen Dachboden im 9. Bezirk in Wien ausgebaut. Und zwar so, wie man sich das von propeller z denkt: ungewöhnlich, einfallsreich, funktionell.

Im Wesentlichen besteht die gesamte Wohnung aus einer einzigen, rund 110 Quadratmeter großen, annähernd T-förmigen (mit sehr breitem Querbalken und kurzem Fuß) Fläche. Um den Rohdachboden als offenen Raum – mit einer Höhe von rund fünfeinhalb Metern – verwenden zu können, haben Carmen Wiederin und Philipp Tschofen die Firstpfette durch einen massiven Stahlträger und drei Stahlstützen ersetzt. Und weil eine Dachgeschoßwohnung ohne Terrasse wie eine Blume ohne Blüten ist, ließen die beiden einen Teil der Dachhaut entfernen und schufen sich zum Innenhof hin einen schönen, großen und geschützten Garten.

Doch zurück zum Raum, der, nachdem er nun von allem Überflüssigen befreit da lag, organisiert werden wollte. Die Kosten mussten gering bleiben, die Lösung hieß: Philipp Tschofen brachte viel von dem ein, was er selbst handwerklich sehr gut kann. Keine teuren Handwerker also, sondern jede Idee soweit wie möglich eigenhändig umsetzen. So wurde die Wohnung zum architektonischen Versuchslabor (ohne jedoch an Laboratmosphäre zu leiden!), in dem dann auch Materialien eingesetzt wurden, die nicht eben alltäglich sind: Markisenstoff, Sportnetze, Aluminium, gebogene Plexiglasplatten, Verpackungskistenholz als Verkleidung der Außenwände und Eternitplatten, hinter denen sich die Kamine verbergen. Was man brauchte: eine Küche, ein Badezimmer. Was man wollte: ein Schlafzimmer. Und was dann später noch dazukam: ein Kinderzimmer für Emil. Und das in einem Spiel aus hohem und niedrigem Raum, aus Geborgenheit und Weite. So wurde langsam aus dem Raum die Wohnung – so logisch, so leicht, mit so wenig fixen Einbauten wie möglich: Mobilität in selten gesehener Konsequenz und eine sinnvolle Reduktion auf das Wesentliche, die gleichermaßen unbelastend wie behaglich wirkt.

Der kurze Fuß des T wurde zum Schlafzimmer, das hinter einer Schiebetüre verborgen und eingebettet in die Dachschräge wie ein Nest wirkt. Luftigkeit und Licht erhält es durch eine schmale Glasscheibe, die vom Boden bis zur Decke reicht und auf die Terrasse führt. Vor dem Schlafraum liegt, verbunden mit dem Eingangsbereich, die Küche mit einer großen Glastür auf die Terrasse, links davon das Badezimmer und darüber die Empore.

Das dominierende Organisationselement im Schnittbereich von Eingang, Küche und Wohnraum, zwischen niedrigem und hohem Raum, ist ein mit dunkelblauem Markisenstoff verkleidetes, skulptural wirkendes Oval, das sich als kleines Badezimmer mit Toilette und Walk-in-Dusche entpuppt. Jenseits dessen öffnet sich der große, nahezu über die ganze Länge des Dachgeschoßes verlaufende Wohnraum, der in erster Linie Großzügigkeit ausstrahlt: Möbel nur so viele wie nötig und ansonsten große Fenster, weite weiße Wandflächen, eine leichtfüßig in die Höhe strebende Dachschräge sowie eine große Glasfläche mit Tür auf die Terrasse. Die blaue, ovale Stoffskulptur wirkt nun, von dieser Seite betrachtet, zwar immer noch stark, doch ihre Dimension wird in diesem großen, hohen Raum zurückgenommen.

Zurückhaltend und dennoch als visuelle Dominante zeigt sich die leichte Metalltreppe, die auf die Galerie führt. Nicht geschweißt, nicht geschraubt, nur gesteckt sind die Elemente dieser Treppe. Im Gegensatz zu den seltsamen Wendeltreppengebilden, die man in Dachgeschoßwohnungen oft sieht, oder auch den Holz-Stahl-Treppen, die schon beim Hinschauen an ein paar gezerrte Bänder und angeknackste Knochen denken lassen, ist Philipp Tschofens Metall-

Gegenüber oben  Der organisierte Raum: links die Stahltreppe auf die Empore, rechts der Blick in die Küche, dazwischen die mit einem intensiv blauen Markisenstoff überzogene Raumskulptur. | Gegenüber unten  Das sanft geschwungene, lindgrüne Element im Vordergrund ist ein Teil von *carrier* und stammt aus der Gestaltung der Ausstellung »fast forward« (k/haus, Loos-Haus, 1999). Dahinter ein Entwurf aus dem Jahr 1956: Charles und Ray Eames' *Lounge Chair & Ottoman*.

Links »Wir hatten die Befürchtung, dass der Einbau eines Zimmers dem Raum die Großzügigkeit nehmen könnte«, sagt Carmen Wiederin. Doch Skepsis nützt wenig, wenn ein Zimmer unbedingt notwendig wird. Und das wurde es, weil Emil, Carmens und Philipps Sohn, ebenfalls ein Rückzugsgebiet braucht. Er bekam es mit derselben Aufmerksamkeit und Großzügigkeit eingebaut, die diese ganze Wohnung prägt. Und wie als Dank dafür wirkt das nach oben offene Kinderzimmer weder einschränkend noch störend, sondern vielmehr vollkommen integriert.

treppe ein so mobiles wie funktional-ästhetisches Element, das sich übrigens jederzeit unkompliziert abbauen und transportieren lässt. Die Empore schenkt zusätzlichen Raum, bleibt jedoch ein diskretes Element im Gesamteindruck, was nicht zuletzt an dem als Geländer verwendeten transparenten Sportnetz liegt.

Im Badezimmer, das links vom Eingangsbereich liegt, haben die beiden Architekten Materialien ausprobiert, die sich auch Bauherren wünschen oder die man ihnen allenfalls empfehlen könnte: Ein blutroter, glänzender Boden – »eigentlich ein bisschen zufällig entstanden« –, eine mutig um die Ecke gebogene, tiefblaue Plexiglasplatte und Aluminiumverkleidungen an der hinteren Wand und an der Badewanne. Eine risikoreiche Entscheidung, denn Aluminium ist höchst empfindlich. Doch offensichtlich, mit ein wenig Sorgfalt, lässt es sich gut über die Jahre bringen: Nach zehn Jahren sieht es aus wie neu.

Eigentlich möchte man gar nicht weggehen aus dieser Wohnung. Obwohl sie im Dachgeschoß liegt, wirkt sie geerdet als wäre sie ein Haus, trotzdem sie geerdet wirkt, verströmt sie die wunderbare Atmosphäre unkomplizierter Leichtigkeit. Man fühlt sich frei und doch geborgen – welch traumhafte Mischung!

*Gegenüber unten links* Wenn Kleiderschränke nicht nur praktisch sind, sondern auch Witz haben: Überzogen ist der eingebaute Holzkorpus mit stahlgrauem Zeltplanenstoff, geöffnet wird mit Reißverschlüssen. | *Gegenüber unten rechts* Durch den schräg eingebauten, raumhohen Spiegel erhält der Raum scheinbar zusätzliche Dimensionen. Wie der weite Nachthimmel wirkt die nur an zwei Stellen fixierte, gebogene Plexiglasscheibe an der Badewanne, die eine Aluminiumverkleidung erhielt. | *Rechts* An der Terrassenaußenwand wurde Verpackungskistenholz als Verkleidung verwendet. Ein weiterer Versuch, der sich als geglückt erwies: Das Holz verwittert wunderschön, bekommt Strukturen und verändert teilweise die Farbe.

## Biografisches

Carmen Wiederin, Jahrgang 1964, und Philipp Tschofen, Jahrgang 1968, sind Gründungsmitglieder von propeller z, zu dem außerdem Korkut Akkalay, Christoph Kaltenbrunner und Kriso Leinfellner gehören. Der Name der Gruppe stammt von der Apple-Tastatur: Die Tastenkombination »propeller+z« bedeutet »zurückgehen«. Das tun auch propeller z, wenn sie an ein Projekt herangehen: analytisch zurückgehen, die Wünsche der Bauherren genau durchleuchten, dann alles ganz neu machen und »den Turbo einschalten«. So bekam ein großes Essener Unternehmen, das sich eigentlich ein unvergessliches Jubiläumsfest wünschte, ein Ausstellungsgebäude, das unter seinem Namen »Meteorit« Architekturgeschichte geschrieben hat. Zum Portefeuille von propeller z zählen Geschäfts-, Praxis- und Ordinationseinrichtungen ebenso wie Kunstinstallationen und Einfamilienhäuser, jüngst ein Weingut in Ungarn oder Möbelentwürfe. Eines ist all diesen Projekten gemein: Die Herangehensweise von propeller z ist unangepasst, in höchstem Maß kreativ und in ihrem Ergebnis unverwechselbar (www.propellerz.at).

# Low-Budget-Lösung für eine große Familie

Ernst Steiner, Wien

**Gegenüber** Viel mehr als eine Wohnküche ist dieser zentrale Raum, in den man kommt, wenn man die Wohnung betritt. Hier trifft sich die Familie, hier wird gekocht, geredet, Musik gehört – ein wesentlicher Topos, um einer Familie aus lauter Individualisten Zusammenhalt zu geben. | **Rechts** Christine Rendl, Ernst Steiners Lebenspartnerin, ist Schneiderin und übt ihren Beruf zu Hause aus. Auch dafür wurde – im Rahmen des Möglichen – ausreichend Platz geschaffen.

Die Voraussetzungen sind schnell umrissen: Drei heranwachsende Kinder im Alter von acht, dreizehn und fünfzehn Jahren und die Lebenspartnerin, die ihren Beruf als Schneiderin zu Hause ausübt, mussten jeder für sich ausreichend Raum bekommen, ohne dass das gemeinsame Familienleben darunter räumlich zu leiden hatte. Ernst Steiner, sich selbst als absoluten Pragmatiker ohne Architekturphilosophien oder -theorien definierend, hatte Budget nicht gerade im Überfluss zur Verfügung, doch die Lösung der Problemstellung gelang auf geradezu ideale Weise.

Die Wohnung in einem Gründerzeithaus in der Nähe des Karmelitermarktes im 2. Bezirk in Wien hat eine Grundfläche von 183 Quadratmetern, doch die waren in einem erbärmlichen Zustand: Teppichbodenreste, Klebereste, Tapeten an den Wänden. Nachdem sich der Hausbesitzer hatte überzeugen lassen, zumindest alles weiß auszumalen, machte sich Ernst Steiner an die

Arbeit. Zuerst fielen ein paar Wände, womit ein großzügiger Raum als Zentrum der Wohnung entstand, in dessen oberem Teil ein Karree aus blau-weißen Bodenfliesen aus der Bauzeit des Hauses den Küchenbereich definiert. Betritt man die Wohnung, ist es dieser Raum, der vor dem Besucher liegt, und wie um eine *piazza* gruppiert sich halbkreisförmig die restliche Wohnung um ihn.

Was sein musste, weil die Kinder größer werden und Rückzugsräume brauchen, war ein Zimmer für jedes Kind. Das geschah nicht durch ausgeklügelte Grundrissveränderungen, sondern auf die schlichteste und selbstverständlichste Weise: Anna, die Älteste, Johannes, der Mittlere, und Luise, die Jüngste, leben in einer Art räumlichem Luxus, denn alle drei bekamen je eines der großen Zimmer. Das ging auf Kosten der Räume der Eltern: Das erste Zimmer wurde geteilt, damit Christine Rendl ihre Werkstatt einrichten kann. Getrennt durch ein Metallgitter, dient die andere Hälfte des Zimmers einerseits als Stauraum und begehbarer Schrank, andererseits als Schlafzimmer, das sich auf einer kleinen Empore befindet. Ernst Steiner hält nicht viel von großen Schlafzimmern, die seiner Ansicht nach bloß verschenkter Raum sind.

Ernst Steiner, der die Adaption der Wohnung für seine Familie in nur

**Unten links** Ein von allen Familienmitgliedern sehr geschätzter Ort für den ersten Kaffee am Morgen ist dieser kleine Balkon bei der großen Wohnküche. | **Unten rechts** Nirgendwo in dieser Wohnung gibt es Überflüssigkeiten (schließlich sammelt sich bei einer fünfköpfigen Familie sowieso genug an), alles ist funktionell und praktikabel. Dies gilt auch für das Badezimmer, das mit seinem Epoxitharzüberzug wohl jeder noch so temperamentvollen Wasserschlacht gewachsen ist.

**Oben links** Luise muss ihr Zimmer manchmal mit Wäsche zum Trocknen teilen, manchmal auch mit der Fernsehlust ihrer Familie. Aber auch sie darf die Tür zumachen und sich in ihr Refugium zurückziehen. | **Oben rechts** Anna und Johannes teilten sich ein Zimmer ausschließlich für dieses Bild, denn tatsächlich verfügt jeder der beiden über seine je eigenen rund 25 Quadratmeter.

vier Monaten bewerkstelligte, verzichtete darauf, die Wände aufzustemmen, um Leitungen und Kabel unterputz zu verlegen: Wie in einem Industrieloft verlaufen die Heizungsrohre offen hängend an der Decke, werden die Kabel über Kabeltassen geführt. Auch das an der Küchenwand verwendete verzinkte Blech, das sich als Überzugsmaterial an der Tür zur Speisekammer wiederholt, lässt eher an ein Loft denken, als dass man es in einer klassischen Gründerzeitwohnung erwarten würde. So ergibt sich aus all diesen konsequent offenen und auf praktikable Benutzbarkeit reduzierten Details eine so spannende wie attraktive Wohnung, in deren Mittelpunkt deutlich das sozusagen fakultative Miteinander der Familie steht.

## Biografisches

Ernst Steiner, Jahrgang 1954, studierte an der TU Wien Technische Mathematik, bevor er auf Architektur umsattelte, die er im Jahr 1986 mit einem Diplom bei Anton Schweighofer abschloss. Zu seinen Arbeiten zählen u. a. ein nach ökologischen Richtlinien gebautes Wohn- und Atelierhaus in Wien, das sozialtherapeutische Zentrum in Eisenstadt, aber auch Ausstellungsarchitektur für das Jüdische Museum in Wien (www.ernsteiner.net).

# Im Holz
## Johannes Kaufmann, Dornbirn

**Gegenüber** »Der Raum braucht Zeit«, sagt Johannes Kaufmann, der dieses Loft mit duftendem, unbehandeltem, nur geseiftem Eschenholz ausstattete. Die großzügige Struktur, die von einer Reihe von Betonsäulen unterbrochen wird, ließ er so weit wie möglich unberührt. Dazu gehörte auch, den raumtrennenden Stauraum nicht bis zur Decke hochzuziehen. Mit der richtigen Beleuchtung werden die dahinter liegenden Schlafräume der Kinder und der Eltern vom Wohnraum aus gesehen zum lockenden Nest. Hinter der Holzstütze fügen sich die beiden strengen Klassiker von Josef Hoffmann *(Kubus)* perfekt ins Ambiente. | **Rechts** Die Treppe führt zu einer Empore, von der aus man auf die Dachterrasse gelangt.

Die Parameter waren gegeben: Johannes Kaufmann wollte in der Stadt nicht nur arbeiten, sondern auch wohnen, damit kam für ihn und seine Familie ein Haus nicht mehr in Frage, sondern nur eine Wohnung. Doch sie musste ganz bestimmte Anforderungen erfüllen: groß sein, einen schönen, nach menschlichem Ermessen unverbaubaren Blick haben und eine flexible Hülle bieten, die er nach seinen Vorstellungen gestalten konnte. Was zwar selbstverständlich, aber in gewisser Hinsicht auch ziemlich unrealistisch klingt, ist bereits wahr geworden: Im Stammhaus jener Bäckerei, die mit Liebe bäckt, befinden sich heute vierzehn Wohnungen, deren größte mit 250 Quadratmetern im obersten Geschoß Johannes Kaufmann genau das bietet, was er wollte – inklusive riesiger Dachterrasse.

Noch sind die Baustellen im Haus (das zur Gänze unter der Federführung von Johannes Kaufmann revitalisiert und adaptiert wird) nicht ganz ver-

**Diese Seite** Weitläufig und großzügig wurde der Wohnbereich mit Küche, Sofa und Esstisch gestaltet. Der Blick durch die riesigen Fenster kann ungehindert schweifen, das Licht den ganzen Tag über herein. Die Deckenleuchten sind ein variabler Entwurf von Johannes Kaufmann: Es gibt sie in drei Größen, man kann unten eine Aluplatte einschieben, dann werden sie zu Deckenflutern.

**Oben** Ostseitig liegen die Kinderzimmer und das Schlafzimmer der Eltern. Und überall in der Wohnung sind die Bilder von Annemarie D. Humele zu sehen: Johannes Kaufmanns Schwiegermutter ist Assistenzprofessorin am Institut für Zeitgenössische Kunst an der TU Graz, wo sie unter anderem Aktzeichnen unterrichtet.

schwunden, und auch die Wohnung der Familie Kaufmann hat ein halbes Jahr nach dem Einzug etwas Unfertiges, etwas Fakultatives: »Man muss einer Wohnung zugestehen, dass gewisse Dinge erst später, nach einer Zeit des Wohnens entschieden werden können,« sagt Johannes Kaufmann. Und: »Es lässt sich viel planen – doch der Raum braucht Zeit.«

Was Zeit braucht, sind die Einzelheiten, Möbelstücke, von denen nicht von vornherein klar ist, ob und wie sie genutzt werden, Bilder, die vielleicht eine Weile an der Wand lehnen dürfen, bevor sie ihren gültigen Platz erhalten. Was zu diesem Gefühl eines Werdens, des sich Entwickelns beiträgt, ist das extensiv verwendete Holz, das dieses Loft prägt, und zwar sowohl was seine Optik betrifft als auch – und vor allem – seine Aura: Wenn Johannes Kaufmann von seinem Eschenholz erzählt, mit dem der gesamte Boden ausgelegt ist, mit dem eine Treppe und ein Obergeschoß errichtet und außerdem eine lange Schrankwand gestaltet wurden, dann hat man den Eindruck, zuerst war das Holz, dann die Wohnung. Ganz abwegig ist diese Hypothese auch nicht, denn Kaufmann hat dieses Holz tatsächlich vom Schlägern – im Spätherbst, wenn sich der Sommersaft ganz aus den Pflanzenkapillaren zurückgezogen hat – über das Jahr des Trocknens der Baumstämme, den Bretterschnitt, nach dem das Holz abermals eine gute Zeit der Ruhe und restlosen Austrocknung benötigt, bis zur Riemenverlegung in seinem Loft begleitet. Hat man das Glück, in diesem Loft für ein paar Stunden zu Gast sein zu dürfen, fragt man gar nicht, ob man die Schuhe ausziehen soll – man tut es einfach aus dem Bedürfnis, seinen eigenen Fußsohlen die sinnliche Berührung des puren Holzes mit seinem eigenwilligen Clair-obscur-Spiel der Maserung, den sichtbaren Stellen, wo einst Äste wuchsen, und der weichen Elastizität nicht vorzuenthalten.

Ein Vergnügen ist es auch, mit Johannes Kaufmann und seinen beiden Söhnen Wenzel und Lorenz die Großzügigkeit des Lofts zu erkunden: Den riesigen, zentral gelegenen, von großen Glasflächen umgebenen Wohnraum mit der Küche (samt großer überdachter Loggia), der durch eine lange Holzwand, die viel Stauraum bietet, von den Zimmern der Kinder und dem Schlafzimmer der Eltern getrennt ist; die an Stahlseilen aufgehängte Treppe, die vom Eingangsbereich ins Obergeschoß führt, wo die minimalistische Liege einen kontempla-

**Oben** Der Holzboden setzt sich auch im Badezimmer, das vor dem Schlafzimmer liegt, fort.
**| Gegenüber** Über dem Eingangsbereich wurde diese Empore errichtet: Im Winter kann man hier dem Schneetreiben zusehen, im Sommer gelangt man über diesen Bereich auf die Dachterrasse.

tiven Ort der Ruhe definiert; und schließlich die Dachterrasse, die etwa die Hälfte der Grundfläche des darunterliegenden Lofts einnimmt. Kommt man an den Ausgangspunkt dieser Entdeckungsreise zurück, hat man begriffen, dass man sich eigentlich in einem einzigen riesigen Raum befindet. Die Handschrift des klugen Architekten, der darin Strukturen schuf, die eine Familie eben benötigt, erkennt man daran, dass das verschwenderische Volumen dabei nichts von seiner Leuchtkraft verloren hat.

#### Biografisches

Johannes Kaufmann, Jahrgang 1967, absolvierte eine Zimmermannslehre im elterlichen Betrieb, arbeitete danach in verschiedenen Architekturbüros, darunter bei Hermann Kaufmann und Ernst Hiesmayr, bevor er 1996 eine Bürogemeinschaft mit Oskar Leo Kaufmann gründete. Der graduierte Bau- und Zimmermannsmeister gilt als einer der wesentlichen und kreativsten Exponenten der modernen Vorarlberger Architektur, die sich intensiv mit den Möglichkeiten innovativer Holzbau-Architektur auseinandersetzen. Zu seinen realisierten Projekten, die er teilweise mit Oskar Leo respektive Hermann Kaufmann oder Riepl/Riepl umsetzte, zählen öffentliche Bauten wie das Geriatriezentrum Wien-Liesing oder der Musikverein Lustenau, Industriebauten, verschiedene Einfamilien- und Mehrfamilienhäuser und Hotels sowie innovative Modulsysteme für Wohnbauten, Bürosysteme und auch immer wieder kleinere Möbel- oder Wohnaccessoiredesigns (jkarch.at).

# Wunderkammer mit Ambiente

Rainer Kasik/x architekten, Wien

**Gegenüber** Willkommen in der wunderbaren Welt des wilden Sammelns! Der vielgereiste Rainer Kasik weiß auch nicht mehr so genau zu sagen, woher jedes einzelne Stück seiner Wunderkammer kommt, doch die hübsche Murmellampe links ist die Arbeit einer Kairiner Glasmanufaktur. | **Rechts** Auf dem Tisch – selbst ein Fundstück – ein Modell des Doppelhauses von Frieda Kahlo und Diego Rivera, darunter drei Grazien von unbekannter Provenienz und eine ebensolche Presse.

Im Prinzip ist Rainer Kasiks Wohnung, in der er gemeinsam mit seiner Freundin Regine lebt, schnell erklärt: eine klassische Wiener Altbauwohnung aus der Wende vom neunzehnten zum zwanzigsten Jahrhundert, zwei Zimmer von je rund 22 Quadratmetern, von denen eines das Wohn-, das andere das Schlafzimmer ist, eine Küche mit ausreichend Platz für einen Esstisch und ein relativ ausführlich angelegtes Badezimmer. Im Prinzip, denn da ist einerseits noch die Gegend, in der Rainer Kasik wohnt, und andererseits die Wunderkammer – eine Sammlung aus Unzähligkeiten, die, so scheint es, längst eine gewisse Eigendynamik entwickelt hat.

Zuerst die Gegend: Rainer Kasik wohnt in Wiens 16. Bezirk, und zwar in exakt jenem schönen Teil rund um den Brunnenmarkt und den Yppenplatz, bei dem man bereits den Eindruck hat, man muss vorsichtig sein, dass dieses Karree nicht zum neuen Eldorado der jungen Kreativen hochstilisiert wird und die Mieten damit schwindelnde Höhen erreichen. Denn seit das Wohnhaus des Dichters Werner Schwab auf dem Yppenplatz renoviert wurde, sich dort ein paar schicke Lokale etabliert haben, in die man auch aus größerer Entfernung anzureisen bereit ist (zumal eine der Wirtinnen mittlerweile zu Fernseh-Köchinnen-Ehren aufgestiegen ist), und das multikulturelle Ambiente korrumpierbar wurde, weil sich der Zeitgeist einer bestimmten Klientel gerne damit schmückt, könnte Sorge aufkommen, dass die Authentizität des vielfarbigen Vorstadtpurismus zur Camouflage verkommt. Noch scheint der Anflug eines Missbehagens unbegründet, die Gegend fest in türkischer Hand und SOHO IN OTTAKRING, das Kunstfestival, ein unabhängiges Stadtteilprojekt, an dem übrigens Rainer Kasik und x architekten einen wesentlichen Anteil haben.

Aber nun zur »Sammlung Kasik«, die in ihrer Zufälligkeit eine ganz besondere Qualität aufweist: Nämlich die, dass scheinbare Beliebigkeit und freie Assoziation ein Flair großer Freundlichkeit und Geborgenheit zu schaffen vermögen. Da gibt es die Memorabilia an eine Exkursion während der Studienzeit bei Günther Domenig in Form eines Modells von jenem Doppelhaus mit Brücke, das der irisch-mexikanische Architekt Juan O'Gorman für Frieda Kahlo

**Oben** Die Kasik'schen Chinoiserien fallen ins Auge und haben eine hübsche Geschichte: Ein Onkel der Familie rühmte sich immer seiner Asiatika-Sammlung und natürlich erwarteten sich die Erben davon einiges. Die Enttäuschung war groß, als der hinzugezogene Experte die Exponate nach dem Ableben des Onkels als dekorativen Tand identifizierte. Die possierlichen Löwen und eine Kommode zieren heute Rainer Kasiks Wohnung, das Krokodil scheint ihr Loblied zu singen.

**Rechts** Um dem Raum optisch mehr Weite zu verleihen, hat Rainer Kasik den Boden vom Badezimmer über die Küche bis in den Vorraum aus denselben Steinplatten verlegt. Die Küchenzeile stammt ebenfalls von Kasik, der hier nur mit dem beschichteten Eternit als Arbeitsplatte Pech hatte: Das Material ist empfindlicher als angenommen. Die Lampe stammt von einem Flohmarkt in Belgrad, die Stühle und der Tisch wahrscheinlich aus fünf verschiedenen Ländern.

und Diego Rivera in Mexico City geschaffen hat; ein eigentlich schon den Raum, zumindest aber eine ganze Wand füllendes Bücherregal mit seinem Kaleidoskop aus bunten Bücherrücken; ein im Ansatz erkennbarer, seiner Fertigstellung geduldig harrender Nachbau von Gerrit T. Rietvelds Rot-Blauem Stuhl; Thonet-Stühle mit echtem Korbgeflecht, die nicht von einem Wiener Antiquitätenhändler, sondern von einem Berliner Flohmarkt stammen. Über all dem verschließt der selbstbemalte Günter Brus auf dem berühmten Plakat nach einem Foto von Ludwig Hoffenreich aus dem Jahr 1964 seine Augen. Auch vor der Küche machte das Sammeln nicht halt, wo über dem Küchentisch eine rote Lampe glüht, die Kasik in Belgrad fand, und wo Masken aus vielen Weltgegenden von der Wand zum Badezimmer ernsthaft auf den Betrachter herabblicken.

Die Aufzählung könnte fort und fort gehen und käme doch zu keinem Ende, was in der Natur dieser Sammlung liegt, die nicht Anfang und nicht Ende hat. »Die Schizophrenie als Architekt«, meint Rainer Kasik denn auch ganz passend, »liegt ja auch darin, dass man für andere plant und fertigstellt, aber der eigene Raum bleibt unfertig und improvisatorisch.« Und lebendig!, möchte man hinzufügen.

---

### BIOGRAFISCHES

Rainer Kasik, Jahrgang 1967, entschloss sich nach dem Abitur zu einer Ausbildung als Metallgießer und studierte nebenher Kunstgeschichte, bevor er Architektur zu studieren begann: zuerst an der TU Wien, danach an der Escola d'Architectura in Barcelona. Kasik war Assistent am Institut für Gebäudelehre an der TU Graz (bei Domenig und Njiric) und erhielt 2002/03 schließlich einen Lehrauftrag an der TU Berlin erhielt. Die Arbeitsgemeinschaft x architekten wurde 1996 in Graz gegründet, eröffnete 1999 ein Büro in Linz und 2003 eines in Wien. Die Werke von x architekten sind in vielen Bereichen – öffentlich und privat – anzutreffen und werden vielfach in Zeitungen und Zeitschriften besprochen und publiziert. Viel Aufmerksamkeit erregte in jüngster Zeit *black beauty*, ein Wohnhaus mit integrierter Ordination in Linz.

# La vie en rose

## Klaus Kada, Graz

**Gegenüber** Das Schlafzimmer in Klaus Kadas und Linda Kada-Thierys »bescheidener Zwei-Zimmer-Wohnung«. Mit dieser Altbauwohnung ist der Architekt, Philosoph und aufmerksame Beobachter der Zeitläufte einen Kompromiss eingegangen: Zum einen ist er kein ausgesprochener Freund vorgegebenen Raums, zum andern wohnt hier noch jemand über ihm – eine Tatsache, die er, der Luft, Raum und Transparenz braucht, nicht sehr schätzt. | **Rechts** Die gedeckt pinkfarbene Konsole vor dem Bett lässt sich mit einem Handgriff in ein Badewanne verwandeln.

Wohnen, seine eigenen vier Wände – das ist für Klaus Kada ein eher peripheres Thema. Zum einen liegt das daran, dass er zwischen seinen Büros in Graz und Aachen pendelt, zum anderen daran, dass er laut Eigencharakterisierung absolut kein »Heimattyp« ist, der sich auf einen Ort festlegen muss. Viel wichtiger ist ihm das Wechselspiel zwischen Objekt und Subjekt, wesentlicher ist ihm auch, dass man als Bewohner jeder Architektur erst Leben einhaucht, dass Lebensraum nie vorgegeben sein kann, sondern erst von den Menschen, die die Räume buchstäblich beleben, geschaffen werden kann.

In seiner schönen Wohnung in Graz – eine klassische Altbauwohnung mit rund 130 Quadratmetern Grundfläche, die er ironisch-bescheiden »meine Zwei-Zimmer-Wohnung« nennt – funktioniert dieser von ihm geforderte Subjekt-Objekt-Austausch gut. Und das trotzdem der Grundriss vorgegeben ist, was der Architekt grundsätzlich für problematisch hält. Kada umgibt sich gerne

**Rechts** Klaus Kada ist kein Sammler, er ist bibliophil, er hängt an ein paar Kunstwerken, die er und seine Frau besitzen. Die zweifarbigen Darstellungen seiner Arbeiten oben auf der Bücherwand werden immer wieder ausgetauscht.

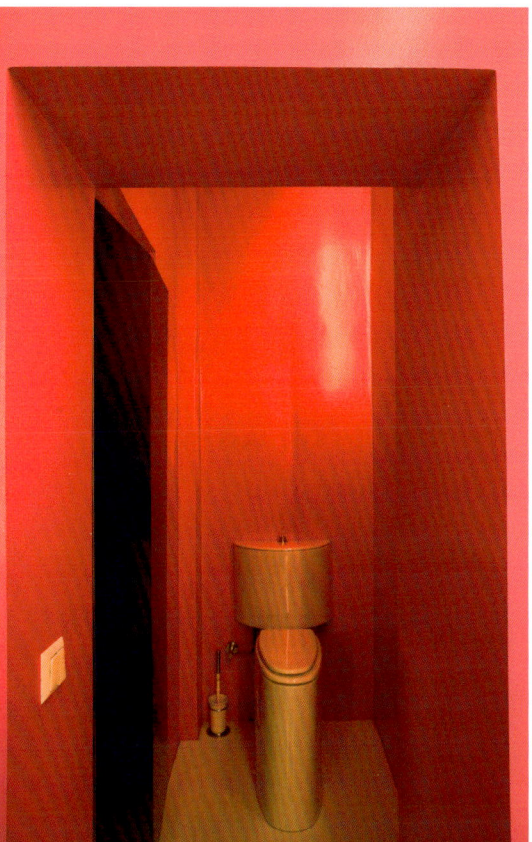

**Links** Die ungewöhnlich geformte Klomuschel und das dazugehörige Bidet fand Klaus Kada zufällig bei einem kleinen Installateur in Rom. Bevor das Sanitärporzellan in seine Wohnung durfte, wurde es in seinem Büro – wo es jahrelang unterm Schreibtisch stand – intensiven Diskussionen unterzogen.

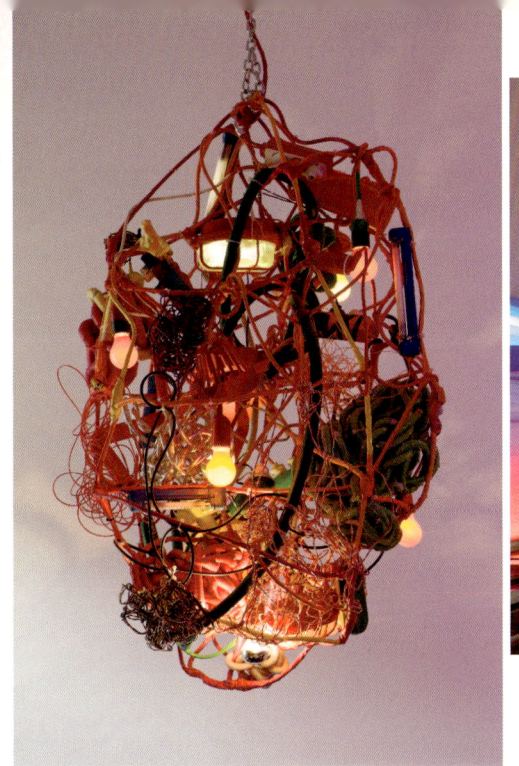

**Oben** In der Küche hängt dieses buchstäblich merk-würdige Leuchtgebilde von Werner Reiterer, das Klaus Kada immer wieder zum Lachen bringt.

mit Dingen, die sich im Laufe der Zeit angesammelt haben, zu denen er eine persönliche Beziehung hat. Nur: Sie dürfen nicht überhand nehmen, alles verstellen, den lebendigen Raum – auch in einem übertragenen spirituellen Sinn – starr machen. Sie müssen auch weggeworfen, verschenkt, weggegeben werden dürfen. Raum zu haben, über ihn frei verfügen zu können, das ist Luxus nicht nur des Objekts, sondern auch des sich zur Freiheit und Individualität entwickelnden Subjekts.

Klaus Kadas Maxime einer Transparenz aller gestalterischen Elemente, einer gegenseitig gewährten Luftigkeit und Luzidität, kommt er in seiner Wohnung so weit wie möglich entgegen. Gemeinsam mit seiner Frau Linda, die einen wesentlichen Anteil an der Gestaltung der Wohnung hat, wurden Kunstwerke und Möbel auf eine Weise in den vorhandenen Raum integriert, die jedem einzelnen Objekt Luft zum Atmen und Raum zum Ausbreiten der jeweiligen Aura gibt. Nichts wirkt dabei inszeniert, alles ist getragen von einer Atmosphäre vollkommener Selbstverständlichkeit.

Interessanterweise gilt diese Selbstverständlichkeit, dieses Unprätentiöse auch für die – titelspendende – extensive Verwendung rosa- und pinkfarbener Töne im Schlafzimmer, in der Küche und im Badezimmer. Abgesehen von der Wärme, die diese Farben ausstrahlen, beweist ihr Einsatz, dass beim Wohnen alles möglich, nichts verboten ist. Diese Freiheit der Gestaltung, die sich weder Erwartungshaltungen anpasst noch einem vorgedachten und also die freie, eigenständige Entfaltung einschränkenden Zeitgeist eine Macht über das eigene Sein einräumt, die ihm nicht im Mindesten zusteht, erscheint dem Architekten Klaus Kada als ein immens wichtiger Schritt auf dem Weg der persönlichen Entwicklung hin zu einer tatsächlich gelebten Selbständigkeit: Was er ausnehmend bedauerlich findet, ist die Tatsache, dass Gestaltung und Architektur fast ausschließlich über eine Bestätigung von außen goutiert wird. Einen eigenen Geschmack entwickelt kaum jemand aus sich selbst, aus seinen eigenen ästhetischen und funktionalen Bedürfnissen heraus, sondern fast ausschließlich im Vergleich mit anderen. Man unterwirft sich also vermeintlichen, jedenfalls aber von Fremden definierten Gesetzmäßigkeiten und geht dabei der eigenen kreativen Individualität verlustig.

Klaus Kada ist ein sehr beweglicher Mensch, gar nicht unbedingt in körperlicher Hinsicht (er ist durchaus in der Lage, sich für Stunden genüsslich nie-

**Unten** Rosa Licht durchflutet auch die Küche, der das warme Strahlen eine ganz eigene Atmosphäre irgendwo zwischen femininem Boudoir und Kubricks *2001: A Space Odyssey* verleiht.

derzulassen), sondern vor allem in geistiger und intellektueller. Das ist auch ein Grund dafür, warum ihm das Wohnen, zumal das eigene, nicht explizit wichtig erscheint. Zu groß ist seine Befürchtung, dass er über einen sich nicht mehr verändernden Raum die Fähigkeit des beweglichen Denkens und Fühlens einbüßen könnte. Auf Klaus Kadas Homepage ist Josef Franks wunderbarer Satz »Modern ist nicht ein Stil, sondern das, was uns vollkommene Freiheit bringt« zitiert. Freiheit kann es mit einem normativen Regelwerk nicht geben. Daraus folgt: Regeln sind eben nur dazu da, um gebrochen zu werden.

**Rechts** Rudi Molaceks Tulpen waren, wie das mit Kunst am Bau dann und wann der Fall ist, eine missverstandene Ironie: Als Klaus Kada das Institut für Pflanzenphysiologie in Graz finalisierte, hat Rudi Molacek ein Beet aus zweitausend künstlichen Tulpen angelegt, was einige wenige offenbar kaum goutierten. Klaus Kada hat sich den Rest des floralen Wunderwerks gesichert – er hat einen Ehrenplatz in seiner Küche.

---

### Biografisches

Klaus Kada, Jahrgang 1940, studierte Architektur an der TU Graz. Nach einigen Jahren der Mitarbeit in Architekturbüros in Graz und Düsseldorf, einer Partnerschaft mit Gernot Lauffer und der Bürogründung in Leibnitz (1988) eröffnete er 1992 sein Büro in Graz und zehn Jahre später gemeinsam mit Gerhard Wittfeld jenes in Aachen. Seit 1995 ist Kada Präsident von EUROPAN Österreich, seit 1996 Ehrenmitglied des Bundes Deutscher Architekten, seit 2002 Mitglied des Architecture Academic Advisory Commitees der Chinese University of Hongkong. Zusätzlich nahm und nimmt er eine Reihe von Gastprofessuren, Vorträgen und Workshops (u. a. an der ETH Zürich und der Universität für Angewandte Kunst Wien) sowie seine Professur an der RWTH Aachen (seit 1996) wahr. Klaus Kada, dem es in der Architektur nicht nur um Ästhetik geht, sondern um einen Mehrwert, der über die Gegenwart hinaus Gültigkeit besitzt, hat eine Reihe von oft diskutierten, immer aber bewusst wahrgenommenen Bauten verwirklicht, u. a. das Festspielhaus St. Pölten, die Stadthalle Graz, das Landeskrankenhaus Hartberg, das Institut für Pflanzenphysiologie und das Studentenwohnheim WIST in Graz sowie mit Gerhard Wittfeld die Fachhochschule und den Campus Urstein bei Hallein, das Autohaus Pappas in Salzburg und das Sonderpädagogische Zentrum Hallein (www.kadawittfeld-architektur.de, www.arch-kada.allsite.com).

# Wohnen mit Fundstücken
## Christiane & Günther Feuerstein, Wien

**Gegenüber** Günther und Christiane Feuersteins unzähligen Sammler- und Erinnerungsstücke sind ein lebendiger, sich immer wieder verändernder Bestandteil dieser offenen und hellen Dachgeschoßwohnung. | **Oben links** In Klöstern werden diese wächsernen, unter den Glassturz gestellten Devotionalien katholischer Provenienz hergestellt. | **Oben rechts** Götter und Könige, Dämonen und wohlgesinnte Geister – der ewige Kampf zwischen Gut und Böse ist das Thema von Wayang-kulit, dem klassischen indonesischen Puppentheater, aus dem hier eine Figurine zu sehen ist.

Ein Haus im 10. Wiener Gemeindebezirk, die Fassade schmucklos, der Eingang unspektakulär. In diesem Haus betrieb Günther Feuersteins Urgroßmutter eine Bäckerei und hier, wo auch eine ganze Reihe von Familienmitgliedern Wohnungen besitzt, wohnt er bereits sein Leben lang. Ganz oben in diesem Haus, im alten Dachboden, haben Christiane und Günther Feuerstein den Ausbau gemeinsam unternommen: »Es ging vor allem darum, einen Lebensraum zu schaffen, in dem man sich einfach wohlfühlen kann«, sagt Christiane Feuerstein, »mit Sonnenschein von in der Früh bis am Abend, mit großen, hohen Räume zum Durchatmen und zum Feiern und mit einer Verbindung zum Freien, einer üppig bewachsenen Dachterrasse.« Und das ist gelungen, denn selbst für einen flüchtigen Besucher für ein, zwei Stunden ist diese Atmosphäre des Nicht-Repräsentativen, des Unprätentiösen, des einfach Behaglichen zu spüren.

**Links** Friedliche Koexistenz von Puppen und Marionetten aus vollkommen unterschiedlichen Regionen dieser Welt. | **Gegenüber** Das Sammeln ist in allen Räumen dominierendes Thema. Im Schlafzimmer beispielsweise ist eine Wand über und über mit Wallfahrer-Souvenirs behängt. Die Mariendevotionalien – kleine, verspielt gerahmte, ovale Bildchen – sind nicht Ergebnis von Zufallskäufen, sondern an Günther Feuersteins Affinität zum matriarchalischen Bild im Glauben und im (kritisch betrachteten) Katholizismus gebunden.

Woran das liegt? Möglicherweise auch an den vielen Fundstücken, die sich auf der 130 Quadratmeter großen Wohnfläche versammelt haben. Im Vorraum, einem langen Gang, hängt ein Teil der Grafiksammlung. Die Signaturen der Bilder muss man nicht entziffern, man kennt sie, sie zählen zu den Bekannten Österreichs – und doch wirkt die Sammlung persönlich, weil sie mit den Bewohnern zu tun hat.

Sammler- und Erinnerungsstücke auch im großen Wohnraum. Wenig wurde in schicken Design-Shops gekauft, viele Dinge sind Geschenke von Freunden, einiges wurde geerbt und so manches einfach gebastelt. Von den gemeinsamen Reisen, vor allem nach Asien, aber auch nach Marokko oder Kuba, wurden zum Teil winzige Relikte mitgebracht: Alltagsgegenstände, Spielzeug, Statuetten, Buddhafiguren, Gebetsfähnchen, Opfergaben. In ihnen spiegelt sich das Interesse der Bewohner an den großen Religionen und Mythen, an den Ritualen und am Alltagsleben. Im zentralen Raum existieren in gegenseitiger Toleranz die Tempelfahnen aus den buddhistischen Klöstern Südindiens und Günther Feuersteins Sammlung naiver Devotionalien, Zeugnisse katholischer Gläubigkeit. Es ist sein Interesse am Spirituellen, aus dem diese Sammlung entstand, aber auch eine hohe Wertschätzung des Barock, der großen Zeit des Wallfahrens. Das Schöne an der Epoche des Barock ist für Günther Feuerstein »die innere Kontroverse, die Überschneidung von Lebensfreude, Ekstase, Erotik, Sexualität und Heiligkeit.« Diese Elemente barocker Qualitäten gehen für ihn weit über die äußere Form der Architektur hinaus. Das Infragestellen von Bauten nach ihren inneren Bedeutungen zeichnen nicht nur die Bücher von Günther Feuerstein aus, sondern waren ein wesentliches Thema seiner Lehrtätigkeit an der Technischen Universität in Wien und an der Universität für Gestaltung in Linz. Mit unkonventionellen Seminaren und Vorlesungen und dem Fördern studentischer Fantasie hat er sich nicht nur Freunde gemacht. Unruhe gehe von Feuersteins Studenten aus, hieß es damals 1968/69 in den Zeitungen, als Günther Feuerstein ein für alle Mal damit Schluss machte, dass der Architekturunterricht mit dem Barock endete und die Gegenwartsarchitektur ausgeschlossen blieb.

Auch in der Wohnung halten die beiden Architekten wenig von langweiligem Funktionalismus oder einem unveränderlichen Setting und dafür viel von Fantasie und Gefühl. »Die Kontraste sind es, die unsere Wohnung spannend machen. Die Dialektik zwischen Alt und Neu«, sagt Christiane Feuerstein. Ein Thema mit dem sie sich auch als Architektin gerne beschäftigt. Nicht nur bei der Sanierung dieses Hauses, eine Arbeit für die sie gemeinsam mit Günther Feuerstein 1997 mit dem Stadterneuerungspreis des Wiener Baugewerbes ausgezeichnet wurde, sondern auch bei der Erweiterung eines Dachgeschosses in einem denkmalgeschützten Haus im ersten Bezirk durch einen kristallinen Glaskörper, der mit der bestehenden Kuppel kontrastiert.

Es ist die kompromisslose Authentizität sowohl der Bewohner als auch ihrer Räume, aus der die Behaglichkeit dieser Wohnung entsteht.

## BIOGRAFISCHES

Günther Feuerstein, Jahrgang 1925, machte sein Architekturdiplom 1951 an der TH in Wien, bevor er Mitarbeiter und Assistent von Karl Schwanzer wurde. Mit dem »Klubseminar der Architekturstudenten«, seinen Seminaren zum »Experimentellen Entwerfen« und den Vorlesungen über Gegenwartsarchitektur veränderte Feuerstein als Lehrer nicht nur die Lehre, sondern vor allem die Perspektiven. 1967–79 entstand in Linz die Wohnsiedlung Hörsching, in Wien 1985–87 die Wohngruppe Hirschstetten.

Zwischen 1992 und 2000 zahlreiche Arbeiten mit seiner Frau Christiane, u. a. auch wegweisende Ausstellungen wie »Visionary Architecture in Austria« für die Architektur-Biennale in Venedig 1996.

Christiane Feuerstein, Jahrgang 1965, studierte in Wien, Graz und Stuttgart Architektur und dissertierte an der Technischen Universität Wien. Lehrtätigkeit an der Universität für angewandte Kunst in Wien und an der FH Joanneum in Graz. Ihre Projekte bewegen sich zwischen wissenschaftlicher Forschung und architektonischer Praxis. Transdisziplinäre Forschungsprojekte und Publikationen beschäftigen sich mit den Wechselbeziehungen zwischen gesellschaftlichen Strukturen, architektonischen Typologien und stadträumlichen Strukturen. Schwerpunkte der Bürotätigkeit sind Projekte im Bereich der Revitalisierung sowie der Stadterneuerung; außerdem Wettbewerbe im Wohnungs- und Städtebau (www.christianefeuerstein.at).

# Neues Leben in der Werkbundsiedlung

Silja Tillner/Tillner & Willinger, Wien

**Gegenüber** Drei Stockwerke, die von außen erkennbar sind, fünf Etagen, die bewohnt werden, und dennoch nirgendwo ein Gefühl der Enge: Gerrit Thomas Rietvelds Grundriss ist zweifellos der Tradition kleiner holländischer Häuser verpflichtet, die er sehr progressiv zu interpretieren verstand. | **Rechts** An Treppenhäuser wird, anders als im großbürgerlichen und feudalen Villenbau, kein Raum verschenkt. Farbe und Beschläge der Türen im Haus ließ Silja Tillner nach Rietvelds Originalen wiederherstellen.

Die soziokulturellen Wurzeln der Wiener Werkbundsiedlung im 13. Bezirk muss man nicht lange suchen: »Wir gehen vom Zweck aus, die Gebrauchsfähigkeit ist uns erste Bedingung, unsere Stärke soll in guten Verhältnissen und in guter Materialbehandlung bestehen«, lautete das Credo Kolo Mosers und Josef Hoffmanns, als sie die Wiener Werkstätte gründeten. Zwar wird die Gründung der Werkbundsiedlung gemeinhin in direktem Zusammenhang mit dem Dresdener Bauhaus und der Werkbundsiedlung Weißenhof in Stuttgart (1927) gesehen, doch die Vereinigung aller bildenden Künste – der kreativen Gestaltung mit Materialien im weitesten Sinn also – und die Durchdringung des Alltags mit ihnen liegt im Geist des Fin de Siècle begründet und bei weitem nicht zuletzt in der Wiener Secessionsbewegung. Was mit den Werkbundsiedlungen (weitere entstanden in Brünn, Breslau, Zürich und Prag) rein soziologisch betrachtet hinzukam, was neu war: Häuser, kleine Villen, eine hochgradige Indi-

**Links** Erstklassiges Design passt zueinander, auch wenn die Entstehungszeit der einzelnen Objekte weit auseinanderliegt: *Nomos*, Norman Fosters Tisch, stammt aus den 1980er, Charles und Ray Eames' Stühle aus den späten 1940er Jahren.

vidualisierung des Wohnens also, konnten sich bislang nur Begüterte leisten. Nun jedoch wurden von den renommiertesten Architekten Europas Bauweisen erdacht und Materialien eingesetzt, die eine sowohl serielle als auch funktionell-ästhetische Architektur alltagstauglich werden lassen sollte. Die Idee war genial – und überlebte nur knapp ein halbes Jahrzehnt. Einerseits waren die Häuser letzten Endes für die meisten Interessenten doch zu teuer, andererseits widersprach die Unkontrollierbarkeit eines derartigen individuellen Lebens- und Wohnentwurfs den um 1930 bereits tendenziell totalitären Regierungen.

Sieht man sich heute auszugsweise an, wer an den diversen Werkbundsiedlungen mitgewirkt hat, liest sich das wie ein *Who's who* der europäischen Architekturgeschichte des zwanzigsten Jahrhunderts: Josef Hoffmann, Josef Frank, Ernst A. Plischke, Ludwig Mies van der Rohe, Clemens Holzmeister, Richard Neutra, Adolf Loos und – ausschlaggebend für dieses Kapitel – Gerrit T. Rietveld.

Als Silja Tillner eines der vier – zur Bauzeit ungeheuer progressiven – Reihenhäuser von Rietveld kaufte, war es ein ziemlich abgewohntes Objekt, das zuerst einmal des kenntnisreichen Revitalisierens durch die versierte Architektin bedurfte. Sie ging diese Aufgabe mit viel Sensibilität für eine außergewöhnliche Substanz an und renovierte insgesamt original- und vor allem wirklich

**Oben** Im Schlafzimmer Silja Tillners ist nicht nur die Bibliothek untergebracht. Über dem Kopfende des Bettes hängt ein edles familiäres Erinnerungsstück: Den Wandteppich brachten ihre Großeltern vor Jahrzehnten aus Indonesien mit. | **Rechts** Die Wohnküche im Erdgeschoß verläuft über die gesamte Breite des Hauses und ist damit der einzige Raum, der die südliche Garten- mit der nördlichen Straßenseite verbindet.

61

detailgetreu. Denn sowohl die Holztreppe samt Handlauf als auch die Beschläge an Türen und Fenstern, die Silja Tillner, sofern sie kaputt waren, reproduzieren ließ, entsprechen den rietveldschen Originalen. Dies gilt auch für das Farbkonzept des Hauses, darunter die senfgelb lackierten Türen und Türrahmen.

Dass sich damals, im Jahr 2000, ein Rietveld-Haus in der Werkbundsiedlung zum Kauf anbot, ist für die Architektin heute noch eine glückliche Fügung. Als einziger der Architektenriege behandelte Rietveld Nord- und Südfassade gleichberechtigt und versah sie mit großflächigen Fenstern und Terrassen. Ganz anders beispielsweise Adolf Loos, der die gartenseitige Nordfassade mit Miniaturfenstern richtiggehend abschottete. Die großen Fenster haben einen weiteren Vorteil: Wer ein- oder auszieht, tut dies nicht über das Treppenhaus, sondern durch die Fenster, ganz so, wie das auch in den Niederlanden gang und gäbe ist. Auch in anderer Hinsicht erweist sich das als sinnvoll: Das Treppenhauses ist schmal gehalten, wodurch Nutzraum gewonnen wird.

**Unten** Die Schönheit schlichter, rechtwinkeliger Geometrie wird an Gerrit Rietvelds Haus in vielen Details gefeiert. Hier die Tür, die von der Wohnküche zum Garten führt. | **Gegenüber** Der Garten, vom Vorbesitzer ziemlich vernachlässigt, ist dank der Arbeit Silja Tillners heute ein üppig blühendes, heiteres Refugium, dessen Duft das ganze Haus erfüllt.

101 Quadratmeter reine Wohnfläche auf fünf Ebenen bietet das Haus: Im Erdgeschoß die große Wohnküche, von der man über ein paar Stufen direkten Zugang zum Garten hat. Im ersten Geschoß erfolgte der einzige nachhaltige Eingriff durch Silja Tillner: Was ursprünglich als Kinderzimmer geplant war, ist heute ein Badezimmer, das einstige Badezimmer nur noch Toilette (beide mit einem angenehm weichen, schwarzen Gummiboden ausgelegt), womit diese Bereiche den Größenverhältnissen zeitgenössischer Bedürfnisse entsprechen. Auf der nächsten Ebene liegt das Schlafzimmer mit seinem fast über die ganze Raumbreite verlaufenden Fensterband. Wiederum einen Halbstock darüber liegen das Gästezimmer und die nordseitige Terrasse und ganz oben, auf der fünften Ebene, das lichtdurchströmte Arbeitszimmer.

Sensibilität war nicht nur beim Renovieren gefragt, sondern auch beim Einrichten der Räume des Hauses: »Das ganze Haus und auch die Räume in sich sind wie eine begehbare Skulptur.« Irgendwelche Möbel konnte man hier nicht hineinstellen, sparsam und zurückhaltend musste das Interieur ausgestattet werden, zumal die einzelnen Räume nicht sehr groß sind. Silja Tillner musste einiges aus ihrer alten Gründerzeitwohnung aufgeben, um das Rietveld-Haus mit derselben Leichtigkeit auszustatten, die seine Architektur ausstrahlt. Mit den in einem anmutigen Mittelblau bezogenen Polstermöbeln von Le Corbusier, den Glastischen von Norman Foster, den schlanken Artemide-Stehleuchten, der zurückhaltenden Chrom-Küche, die glücklicherweise am Boden ohne Blenden auskommt und daher schwebend-leicht wirkt, und einigen wenigen Erinnerungsstücken entspricht das Interieur in jeder Hinsicht dem Genius Loci. Nichts stört das Haus, das wie eine zweite Haut ist, dabei, das zu tun, was seine Besitzerin so sehr an ihm schätzt: Seine Bewohner zu stärken.

## Biografisches

Silja Tillner studierte Architektur an der TU Wien, an der Akademie der bildenden Künste in Wien (Meisterklasse Gustav Peichl) sowie – post-graduate – an der University of California in Los Angeles, die sie 1990 mit dem Master of Architecture in Urban Design abschloss. Nach weiteren vier Jahren in Los Angeles, in denen sie im Bereich Urban Design (u. a. bei Hodgetts + Fung) arbeitete, kehrte sie 1994 nach Wien zurück, wo sie seit 1995 sowohl als Architektin als auch in der Lehre und in der Forschung tätig ist. Gemeinsam mit ihrem Partner Alfred Willinger entstanden in den vergangenen Jahren u. a. wegweisende Bauten wie die Bürogebäude Spittelau und Senngasse, die Künstlerwohnungen für die Volksoper im Dachgeschoß eines denkmalgeschützten Hauses in der Wiener Innenstadt und Mehrfamilienhäuser. Silja Tillner ist an der urbanen Wiederbelebung der alten Stadtbahnbögen am Wiener Gürtel konzeptionell und ausführend wesentlich beteiligt (www.urban-design.at).

# Zimmer mit Aussicht

## Jakob Fuchs / fasch&fuchs, Wien

**Gegenüber** Ursprünglich war es nicht mehr als ein Fenster normaler Größe, jetzt gibt es ein Geländer aus Stahl und Glas und einen Lattenrost, womit sich der Ausguck als Terrasse en miniature präsentiert.

Um zu Jakob Fuchs zu gelangen, ist gute Kondition hilfreich: Seine Wohnung liegt im Dachboden eines Altbaus im 5. Bezirk in Wien. Das heißt also vier Etagen regulär, eine – das Mezzanin – dazu und dann noch ins Dachgeschoß. Sechs hohe Stockwerke ohne Aufzug sind selbst für Geübte eine Herausforderung. Allerdings – es ist die Mühe wert. Nicht nur wegen der Aussicht (dazu später), sondern allein schon wegen der Wohnung, die nicht groß ist, aber einladend und voller Ideen, wie wenig Platz optimal gestaltet werden kann.

Badezimmer und Toilette sind gleich rechts vom Eingang und wurden neu eingebaut, denn wie in vielen alten und kleinen Wiener Wohnungen gab es auch in dieser nicht mehr als eine traurige Duschecke in der Küche. Jetzt ist das Bad zwar klein, aber fein hinter nicht transparentem Glas verborgen. Der gesamte Bereich lässt sich durch eine Schiebetür schließen, die Tür zur Toilette dient auch als Tür der Walk-in-Dusche.

Einen Schritt weiter und man steht im großen Zimmer, in dem sich links zurückversetzt der Küchenbereich befindet. Hier ist alles offen, licht und luftig, wenngleich schlafen, kochen, essen, lesen in anderthalb Räumen stattfinden.

Am augenfälligsten ist das ausgeklügelte, rund dreißig Zentimeter scheinbar über dem Boden schwebende Wandregalsystem, das sich in verschiedenen Höhen rund um den Raum zieht. Verschlossen werden die einzelnen Elemente mit Schiebetüren: Holzrahmen, die mit Soltis®-Screens, einem semitransparenten Sonnensegelmaterial, bespannt sind. Von hinten beleuchtet, erhalten die Regale eine attraktive, fast skulpturale Tiefe (sind sie nicht beleuchtet, ziehen sich die Regale optisch diskret zurück). Gleichzeitig gibt die relativ tief installierte Beleuchtung warmes Licht, weil sie den mit MDF-Platten ausgelegten Boden in sanftem Goldgelb strahlen lässt. Der Screen des höchsten Regals zwischen Küche und großem Zimmer lässt sich übrigens als Sonnen- und Sichtschutz vor das große Fenster schieben.

Dominiert wird der Raum jedoch von einem großen Fenster, das Jakob Fuchs zu einer Art Miniaturterrasse umfunktioniert hat. Ursprünglich befand sich an der Stelle ein einfaches Fenster, das herausgenommen wurde. Das vor-

**Oben links** Die Schiebewand aus einem Material für Sonnensegel dient als Sichtschutz, verschließt aber auch den wohlsortierten Barschrank. In der Empore über der Küche ist ein behagliches Gästebett untergebracht. | **Oben rechts** Ein Blick in das kleine, aber sehr funktionelle Badezimmer, das dank der semitransparenten Glastüren und -wände optisch gleichermaßen leicht und zurückhaltend wirkt.

**Rechts** Der Tisch und das Bett in diesem Ein-Zimmer-Appartement sind auf Rollen, womit sich die Position der Möbelstücke ohne großen Aufwand ganz neu arrangieren lässt. Die leichtgewichtigen Stühle – um den Tisch Arne Jacobsens Klassiker *Hormiga* sowie *Ron Arad* von Tom Vac – tun das Ihre zur möglichen Veränderlichkeit des Raums.

handene Loch in der Wand ließ er nicht nur etwa um das Dreifache vergrößern, sondern innen und auch ein Stück nach draußen einen Lattenrost samt Geländer installieren, womit das kleine Dachappartement nun über eine veritable Terrasse verfügt. Das Schönste an dieser ist der Blick über die Innenstadt mit dem Stephansdom als topografischen Fixpunkt bis hin zur Donau, wo man im dunstigen Licht das stilisierte Segel auf dem Hochhaus an der Donau erkennen kann.

## BIOGRAFISCHES

Jakob Fuchs, Jahrgang 1958, studierte Architektur bei Josef Lackner an der Technischen Universität Innsbruck und später in Wien, wo er 1989 sein Diplom bei Ernst Hiesmayr machte. In den Jahren von 1991 bis 1999 war Jakob Fuchs Assistent bei Helmut Richter an der Technischen Universität in Wien. Bereits seit 1994 besteht unter dem Namen fasch&fuchs die Bürogemeinschaft mit Hemma Fasch. Zu den wesentlichsten Bauten der vergangenen Jahre zählen u. a. der Zu- und Umbau des Landeskrankenhauses Knittelfeld, die Sonderschule in Schwechat, die große Autobusgarage samt Verwaltungsgebäude und Werkstätten in Wien sowie das Kindermuseum in Graz. Zurzeit arbeiten fasch&fuchs am Bau des Sport- und Wellnesbads Eggenberg, Graz, und an der Schliffsanlegestelle für den Twin-City-Liner am Donaukanal in Wien (www.faschundfuchs.com).

# Der Compositeur des Genusses

## Wilhelm Holzbauer, Wien

**Gegenüber** In diesem Raum im Erdgeschoß arbeitet Wilhelm Holzbauer – zwischen zahllosen Büchern, der Bodenleuchte von Achille und Pier Giacomo Castiglioni aus dem Jahr 1962 und angesichts der Idealstadt, die ein unbekannter Renaissance-Künstler nach der vom florentiner Baumeister Filippo Brunelleschi entwickelten Zentralperspektive malte. | **Rechts** Der Zugang auf das Haus mit seiner gegliederten Glasfassade scheint eine Paraphrase auf den barocken Gartenarchitekten Le Nôtre zu sein: Der Blick wird mit unmerklichem, sanftem Zwang auf das Entree geleitet, die Dachterrasse als einer der intimsten »Räume« in Holzbauers Haus wird aus dem Fokus genommen.

Dem Ruf, Pragmatiker zu sein, bleibt Wilhelm Holzbauer auch in seinem privaten Wohnhaus treu: Wenn der Architekt in erster Linie Dienstleister ist, so ist es in diesem Fall das Biedermeierhaus in Wiens 6. Bezirk seinen Bewohnern, neben Holzbauer seine Frau Mari und beider Tochter Anna. Große Interventionen in der alten Bausubstanz? Nicht mehr als notwendig. Charakterstarke Statements im Hinblick auf die Gestaltung des Interieurs? Wozu – dieses Haus »hat seine eigene Dynamik«, sagt Holzbauer, und stellt weiter fest, dass »es sich in großer Eigenständigkeit entwickelt hat.« So ganz mag man die lapidaren Antworten nicht glauben, zumal beim Zugehen auf das Haus durch den Innenhof eine prachtvolle, in klaren Quadraten strukturierte und über die ganze Fassade des hinteren Gebäudes (im vorderen ist das Atelier untergebracht) reichende Glasfront zu sehen ist, der man die bauevolutionäre Zugehörigkeit zum Haus kaum attestieren kann.

So präsentiert sich auch das Innere als zweifellos gewachsener und mit Lust belebter, aber dennoch mit sicherer Hand gestalteter Luxus: Mit dem Aufzug gelangt man ganz nach oben zur zweigeschoßigen Terrasse, wo man sich ohne Verpflichtung, dem Hausherrn noch den einen oder anderen Satz zu entlocken, dem Rausch aus Blüten, Farben, Düften, aus Lavendel, Rosen, rotem Ahorn hingeben möchte. Hier oben hat man den Eindruck, sich in einem der intimsten, privatesten Räume – wenn auch unter freiem Himmel – des Hauses zu befinden. Und man geht nicht fehl mit dieser Annahme: »Die Terrasse gibt es eigentlich nur deshalb, weil ich die Sonne und die Wärme zum Leben brauche, weil sie mir abgehen, wenn ich sie nicht habe.« Eine verwirklichte Sehnsucht also, in der man das Glück hatte, für einige Augenblicke zu verweilen.

Die Entdeckungsreise durch das Haus von oben nach unten bringt dann ein Kaleidoskop aus faszinierenden Elementen und Segmenten zutage. Es sind hier nicht bloß die Räume im Gesamten, die zu beeindrucken vermögen, sondern ihre jeweiligen Teile, aus denen sie zusammengesetzt zu sein scheinen (auch wenn jeder Raum insgesamt ein hohes Maß an Harmonie vermittelt). Da gibt es Durchblicke von kurzen Gängen auf kleinere Zimmer, ein Raum, in dem der leuchtende Billardtisch ebenso den Blick gefangen nimmt wie das Bild an der Wand oder das einem Alkoven ähnelnde Sofa. Da ist die grün-weiße Wand, die der Unkundige auf den ersten Blick für Marmor hält, bis sich klärt, dass es sich hier um eine spezielle, in die Gegenwart gerettete Form der Inkrustation han-

**Oben links** Auf faszinierende Blickfänge wie diesen – ein traumhaft schöner, asiatischer Seidenüberwurf und darüber ein Bild von Holzbauers Freund Josef Mikl – trifft man in diesem Haus auf Schritt und Tritt. | **Oben rechts** »Träume vom Leben in der Musik, von der Musik begannen in unseren Köpfen herumzuschwirren«, schrieb Holzbauer in seiner *Fragmentarischen Autobiografie* über sich und seinen Schulfreund Friedrich Achleitner. Wilhelm Holzbauer dachte an Komponieren und Dirigieren und nahm sogar Klavierunterricht – erwies sich in dieser Hinsicht jedoch leider als völlig untalentiert. Mit und in der Musik lebt er trotzdem, auch weil seine Frau Mari Sängerin ist.

Der Compositeur des Genusses

**Oben** Wilhelm Holzbauers privates Spa wird zumindest von ihm selbst täglich genutzt – schwimmen, Rad fahren und dann die Ruhe mit Büchern und vielleicht einer guten Flasche Wein.

delt. Und dann natürlich die Musik: Ein Flügel, ein Schlagzeug. Wilhelm Holzbauers Frau Mari ist Musikerin, Sängerin, und eben eifrig dabei, Schlagzeug zu lernen. Dank einer temperamentvoll vorgetragenen Etüde glaubt man ihr auch sofort, dass sie das rhythmische Spielen munter macht. Wilhelm Holzbauer sieht und hört zu, und er lacht: Musik gehört zu jenen Dingen, die ihm wahres Lebenselixier sind.

Weiter geht es, vorbei an den Werken seiner Freunde unter den österreichischen Künstlern, ins Erdgeschoß, wo er sich mit vielen Büchern sein Arbeitszimmer eingerichtet hat und ein kleines Schwimmbad, das er tatsächlich täglich benützt. Hier unten liegen auch die Küche und das Esszimmer, das sich als eine liebevolle Reminiszenz an des Architekten Ausflug in die Gastronomie präsentiert: Anfang der 1970er Jahre hatte Wilhelm Holzbauer Wiens erstes Gourmetrestaurant, das »Mattes«, das sich mit Sternen und Hauben schmücken konnte, eröffnet. Die Liaison mit dem fremden Metier kostete viel Geld und dauerte drei

**Links** Die Küche und ein Blick in das Speisezimmer mit den von Holzbauer für sein Restaurant »Mattes«, das er Anfang der 1970er Jahre eröffnete, entworfenen Möbeln. | **Unten** Die Alhambra und da vor allem der Löwenhof des Nasridenpalastes gehören für Wilhelm Holzbauer zu den Meisterleistungen der Architektur. In seinem Garten hat er mit diesem Wasserlauf dem Opus magnum maurischer Baukunst eine Reverenz erwiesen.

**Oben** Der Architekt in seinem privatesten Ambiente, der Dachterrasse – eingerichtet, um seine Sehnsucht nach Sonne und Wärme zu stillen.

Jahre. Was blieb, sind der Esstisch und die Stühle rund um diesen, die Holzbauer damals für sein Restaurant entworfen hatte.

Zum Schluss die Gartenterrasse und der Innenhof, sanft beschattet von gepflegten Laubbäumen und kalmierend beschallt vom Rieseln eines Wasserlaufs: Hier hat sich Wilhelm Holzbauer »seinen« Löwenhof als Reverenz an die von ihm sehr geliebte Alhambra eingerichtet. Über Architektur und übers Wohnen mag er nun nicht mehr allzu viel erzählen. Lieber spricht er davon, dass er, der Kosmopolit, nach wie vor gerne reist, am liebsten für ein paar Tage in Städte. Leptis Magna und Sabratha in Libyen, das würde ihn noch reizen. Und Paris, das liebt er sehr, erst unlängst hat er seine Tochter dorthin entführt. Und dann dreht sich alles um Champagner und Gänseleber, um Rotwein und um die Meister an den Pfannen (von denen er Joël Robouchon und Gertrude Sodoma besonders zugetan ist), um den Naschmarkt und um seine eigenen Kochkünste.

Wilhelm Holzbauer ist ein vergnügter Genießer, der guten Wein und gutes Essen schätzt – und gutes Wohnen. Wenn er dann erzählt, dass ihm räumliche Großzügigkeit ungeheuer wichtig ist, weil er in dieser Hinsicht sehr, sehr beengt aufgewachsen ist, dass er sich damals, als Halbwüchsiger, schon geschworen hat, irgendwann eine große Wohnung zu besitzen, dann entkleidet sich dieses Haus seines vordergründig luxuriösen Gepräges und zeigt sein wahres Gesicht, das aus Geborgenheit, Großzügigkeit und Sorgfalt modelliert wurde und dessen Aura mehr ist als die Summe dieser Teile: Es ist Sympathie, von der man hier umfangen wird.

### Biografisches

Wilhelm Holzbauer, Jahrgang 1930, ist einer der bedeutendsten Architekten Österreichs. Nach dem Besuch der Technischen Gewerbeschule in Salzburg inskribierte er an der Akademie der bildenden Künste in Wien, wo er Student in der Meisterklasse von Clemens Holzmeister wurde. Mit Friedrich Kurrent, Johannes Spalt und Otto Leitner gründete Holzbauer die Arbeitsgruppe 4, die Holzmeister für den Bau einer Kirche in Parsch bei Salzburg empfahl. Dank einer radikalen Neuerung der Kirchenraumgestaltung (der Altar nicht in einer Apsis, sondern in der – demokratischen – Mitte) gewann die Gruppe schnell Bekanntheit. In den folgenden Jahren absolvierte Holzbauer ein Post-Graduate-Studium am MIT (auf der Reise dorthin überlebte er den Untergang der Andrea Doria) und unterrichtete danach in Manitoba (Kanada) sowie an der Yale University. In den vergangenen fünf Jahrzehnten konnte sich Holzbauer als einer der maßgeblichen Architekten Österreichs positionieren, er baute u. a. in Holland (u. a. Oper und Rathaus in Amsterdam), Deutschland (u. a. das Festspielhaus in Baden-Baden) und Kanada, in Salzburg (Haus für Mozart), das Konzerthaus im norwegischen Stavanger und vor allem in Wien, dessen Stadtbild er u. a. mit dem Andromeda-Tower, dem Techgate, dem Verwaltungsgebäude der OeNB und dem Design der U-Bahn-Stationen wesentlich beeinflusste. Sein umfassendes und profundes Wissen, seine pragmatische Sichtweise der Architektur gab er ab 1977 seinen Studenten an der Hochschule für angewandte Kunst weiter, wo er zwischen 1987 und 1991 auch Rektor war (www.holzbauer.com).

# Stillleben à la Tribeca

### Arkan Zeytinoglu, Wien

**Gegenüber** Große, weite Räume verursachen vielen eher ein Gefühl der Verlorenheit und Ratlosigkeit: Einen solchen Raum zu organisieren, ist keine Übungsvokalise mehr, sondern ein kleines Meisterstück. Gelingt es, ohne dass das Resultat aufgesetzt oder künstlich wirkt, bekommt der ohnedies beeindruckende Raum ein unvergleichliches Flair. | **Rechts** Der renovierte Lastenaufzug bringt Arkan Zeytinoglu aus seinem Atelier in die Wohnung.

Geographische Vergleiche hinken meistens. In diesem Fall aber – de facto befinden wir uns an der Mariahilferstraße im 6. Bezirk in Wien – liegt er auf der Hand, denn in Arkan Zeytinoglus Loft kommt man mittels eines alten Lastenaufzugs, dessen Tür sich stilecht nicht vertikal, sondern horizontal nach unten und oben öffnet. Das wirkt vielleicht gut inszeniert, ist es aber nicht, denn Zeytinoglu bewohnt tatsächlich die Räume eines alten Handwerksbetriebs, womit der Lastenaufzug seine sozusagen gebäudeevolutionäre Berechtigung hat.

Aber der Reihe nach: Wenn der Architekt nicht gerade auf Reisen ist (was ziemlich häufig vorkommt, denn zur Zeit baut er unter anderem in Spanien, in Istanbul, in der Ukraine und in Kolumbien), trifft man ihn in seinem Atelier, das genau unter der Wohnung liegt. Von dort kommt man mit dem Aufzug in das Loft, das beim ersten Anblick langgestreckt und offen wie die gut

**Links** Großzügigen Raum nimmt auch die von Zeytinoglu entworfene Küche ein, die von einem Schlosser angefertigt wurde. | **Unten** Der anmutige Kranich auf der Schildkröte kommt aus Vietnam, die Bilder stammen von Freunden, am Klavier stehen zwei Verner-Panton-Stühle, und die lichte Stahlskulptur ist de facto jene Treppe, die aufs Dach führt.

**Oben links** Die traute hölzerne Vogelfamilie auf dem Tisch aus Markassaholz flog aus Kolumbien ein. | **Oben rechts** Präsenz aus relativer Zurückhaltung zu gewinnen, ist eine ganze eigene Kunst, die mit dem offenen Kamin sehr schön gelang.

organisierte Leinwand eines Künstlers vor dem Betrachter liegt. Unweigerlich kommt man auf die Idee, dass, würde dieses Raumvolumen leer vor einem liegen, sich durchaus so etwas wir ein *Horror Vacui* einstellen würde: Mit offenen, durch kein architektonisches Detail strukturierten rund hundert Quadratmetern bei einer beeindruckenden Raumhöhe samt Oberlichten muss man schon umgehen können, damit sie schließlich zu einem ganz individuell gestalteten Wohnraum werden.

Die Offenheit des vorhandenen Raums nahm Zeytinoglu hin, wie er sie vorfand. Ja, er trieb sie, als könnte er gar nicht genug davon bekommen, sogar noch auf die Spitze, denn selbst das Badezimmer und die Toilette sind lediglich durch einen doppelbögigen Durchgang, hinter dessen Mittelsäule die Badewanne steht, vom Wohnraum getrennt. Der Scheu allfälliger Gäste vor so viel körperlicher Selbstverständlichkeit wird jedoch Rechnung getragen: Es gibt eine Gästetoilette mit Tür beim Vorraum.

In dem langgestreckten Raum folgt logischerweise ein Bereich auf den anderen: Zuerst die von einem Schlosser nach Zeytinoglus Entwurf angefertigte Küche, deren beachtliche Ausmaße selbst einen Profikoch glücklich machen würden. Gegenüber ein Esstisch aus markant gezeichnetem Markassaholz, das auch für den niedrigen Tisch zwischen den Minotti-Sofas Verwendung fand. Auf der Höhe dieses Bereichs ragt über die gesamte Raumhöhe ein rostfarbener, offener Kamin aus Stahl, der sich als schlanke Silhouette an die Wand schmiegt. Ganz am unteren Ende des Raums schließlich ein schwarzer Flügel, der – wenn auch selten genug – tatsächlich bespielt wird. Eine sanfte optische Trennung zwischen dem Chill-out-Bereich und dem ernsthaft wirkenden Klavier entsteht durch ein langes Sideboard, ebenfalls nach einem Entwurf Zeytinoglus realisiert. Hier gibt es zudem eine gefährlich steile Treppe auf das Dach, die mehr einer himmelwärts strebenden Skulptur gleicht denn einem Gebrauchsgegenstand. Und sparsam verteilt finden sich Trouvaillen von den zahlreichen Reisen sowie Objekte, die befreundete Künstler in das Appartement brachten.

Die Farben sind von eleganter Zurückhaltung: Grau-, Braun-, Dunkelrottöne – ein wenig Understatement mit temperamentvollen Einsprengseln wie ein giftgrünes Gummikrokodil, das fröhlich aus dem Zentrum einer geheimnisvollen Wandinstallation leuchtet.

Die offene Weite dieses Raums ist attraktiv – nirgendwo wird Enge vermittelt, nirgendwo hat man das Gefühl, sich durchschlängeln zu müssen, um von

**Unten** Südostasiatischer Provenienz sind sowohl der kleine Schrank als auch die zusammengefalteten Matten: Gleichermaßen »business and pleasure« sind die zahllosen Reisen für Arkan Zeytinoglu. | **Gegenüber links** Ein Freund schuf diese rätselhafte Installation, in deren Mitte ein giftgrünes Gummikrokodil die Hauptrolle spielt. | **Gegenüber rechts** Ein offener Blick ins Badezimmer, wo hinter der Säule die Badewanne steht.

einem zum anderen Platz zu kommen. Gleichzeitig ist es ein Raum, der von freier Zeit erzählt, von der Kunst des Müßiggangs, von der Fähigkeit zum Gespräch und zum Schweigen. Vielleicht ist es dieses Nichts-Verbergen, vielleicht auch die zärtliche Sorgfalt, mit der die schönen kunsthandwerklichen Objekte aus Asien und Lateinamerika (und sogar das leicht angejahrte türkisfarbenen Fahrrad) platziert wurden, vielleicht die uneitle Klarheit des Raums, der nicht den Eindruck macht, er wäre auf Wirkung bedacht, aber wahrscheinlich ist es alles zusammen, was in diesem Appartement eine Atmosphäre schafft, die etwas angenehm unprätentiös Maskulines ausstrahlt.

## BIOGRAFISCHES

Arkan Zeytinoglu, Jahrgang 1968, studierte an der TU Graz und absolvierte ein Post-graduate-Studium – »5th Year Design Studio« an der Cooper Union – in New York. Zeytinoglus produktive Vielfalt zeigt sich nicht allein in seinen Projekten, sondern auch daran, dass sie einem an vielen Orten begegnen können: In Wien u. a. Gastronomie wie die Bar Italia oder das Glacis Beisl, Hotel Resorts in Spanien oder Kroatien, Verwaltungsgebäude in Graz und Klagenfurt, Hotels u. a. in Kiew, Bratislava und in der Ukraine (www.arkan.at).

# Lustvolles Wohnexperiment

Anna Popelka & Georg Poduschka, Wien

**Gegenüber** Die Situation ist manchmal nicht unkomisch: Die mit Spiegelfolie beklebten Fenster des einstigen Elektrogeschäfts machen die Wohnung tagsüber uneinsehbar, die Fenster aber von außen zu Spiegeln, die so manchen Passanten zur Kontrolle des eigenen Konterfeis anregen … | **Rechts** Das Peltier-Element steht in der Küche.

Ursprünglich war es für viele Jahre ein Elektrofachgeschäft, danach wurde es zum Architektenatelier, in dem auch gewohnt wurde. Und weil sich die neuen Besitzer hier wohler fühlten, als sie das je für möglich gehalten hätten, blieben sie auch, als Arbeiten und Wohnen geografisch getrennt wurden. Vorauszusehen war das nicht unbedingt, denn Anna Popelka und Georg Poduschka wohnten und arbeiteten zuvor im Dachgeschoß eines Gründerzeithauses – topografische Voraussetzungen also, die gemeinhin nicht so gerne aufgegeben werden. Doch das Architektenpaar stellte bald fest, dass ihm das Dasein hoch oben über der Stadt nicht wirklich behagt. Denn was fehlte, war nicht nur ein Aufzug, sondern vor allem der direkte Kontakt zum urbanen Geschehen – eine unbedingte Voraussetzung für die analytisch-konzeptionelle wie auch die praktische Arbeit Anna Popelkas und Georg Poduschkas, deren Zugang zur Architektur und zum Wohnen lebhaft und voller Elan ist. Das spielerische

**Links** Der große Tisch in der Küche ist mit einer Spiegelplatte belegt, was dem Tisch Leichtigkeit verleiht und immer neue Vexierbilder entstehen lässt. Vor der Tafel der *Cone Chair* von Verner Panton, am Tisch sind die Rückenlehnen eines Stuhlentwurfs von Konstantin Grcic zu sehen. | **Gegenüber** Im Wohnraum stehen die Prototypen der mittlerweile legendären Museumsquartier-Möbel, die im Sommer als Sonnenliegen, Leseplätze, Community-Bänke und aufregende Kinderspielplätze dienen und im Winter zu Iglus gestapelt werden, in denen die Punsch-Köche Wind und Wetter trotzen. Der Boden im unteren Bereich ist ebenfalls ein Experiment: Swimming-Pool-Farbe.

Begreifen ungewöhnlicher Umstände als Basis dafür, Visionen zu realisieren: »Es ist gar nicht unbedingt das Erspüren des Potenzials, das ein Raum in sich trägt. Was uns viel mehr interessiert, ist das Schaffen eines ganz neuen Faktums. Das Paradies – die Villa in Döbling zum Beispiel – ist völlig uninteressant. Aber eine Tankstelle zur Wohnung umzubauen, das wäre eine Herausforderung«, erklärt Georg Poduschka.

Das ehemalige Gassenlokal im 6. Bezirk, in das die beiden mit ihrer damals, im Jahr 2000, noch kleinen Tochter zogen, bot die Möglichkeit, das vorhandene Raumvolumen zu jener Multifunktionalität umzugestalten, die Anna Popelka und Georg Poduschka benötigten: In den sehr hohen Raum wurde eine Galerie eingebaut, womit die knapp neunzig Quadratmeter verdoppelt wurden. Oben richteten die beiden die Wohnung ein, unten wurde gearbeitet. Mittlerweile befindet sich das Atelier der Architekten an einem anderen Ort, das ehemalige Geschäftslokal ist nur noch Wohnung, deren Interieur unkompliziert angelegt ist, dabei jedoch aparte Interventionen aufweist: Unten befindet sich nach einem Eingangsbereich der große Wohnraum mit Küche und Esstisch, oben das große dreieckige Zimmer der Tochter, das Schlafzimmer, das Badezimmer und – auf der offenen Galerie – eine Art multifunktionelle *piazza*. Unten wurde im Lichthof des Hauses ein intimer Freibereich eingerichtet, auf den man aus dem Badezimmer oben, dessen Fenster bis auf den Boden aufgeschnitten wurde, blickt.

All die Fragen, die einem zu diesem einigermaßen extravaganten Wohnentwurf einfallen, beantworten Anna Popelka und Georg Poduschka mit offensichtlich ungebrochener Begeisterung: Sicherheitsprobleme gibt es hier nicht mehr als in einer Wohnung in der dritten Etage – aufgrund der relativen Öffentlichkeit der Wohnung vielleicht sogar in geringerem Ausmaß. Die Abgrenzung nach außen war technisch einfach lösbar, indem die großen Fenster mit reflektierenden Folien beklebt wurden und abends mit Jalousien oder Vorhängen verschlossen werden können. Und das Wohnen direkt zum Gehsteig hin? Der funktioniert im Sommer wie eine Terrasse – molto italiano!

**Links** So sehr die Bewohner das Experiment schätzen, so kapriziös gebärdeten sich die Pflanzen, die jedoch mittlerweile – in maßgeschneiderte Tröge gepflanzt – sogar blühen. | **Unten links** Hinter der Küche verläuft die Treppe ins obere Geschoß. | **Unten rechts** Als das Atelier von ppag in die Gumpendorferstraße übersiedelte, wurde die Grundrisssituation im oberen Bereich völlig umgedreht: Das Zimmer der Tochter (vorne rechts) ist jetzt doppelt so groß, das Schlafzimmer (links hinter der Glaswand) dafür ein ruhiger, von der Straße abgewandter Raum.

**Rechts** Arne Jacobsens *Schwanensessel* steht im Zimmer der Tochter von Anna Popelka und Georg Poduschka. Dieser spitze Winkel, dieses Eckchen im oberen Geschoß hat offenbar wohltuende Schwingungen: Nicht nur, dass der Sessel an diesem Platz viel benutzt wird, beim Umbau des ehemaligen Geschäfts zur Wohnung verbracht die Handwerker exakt hier immer ihre Pausen. Zum »Selbstversuch im Wohnlabor« gehören die geklebten Scharniere an den rahmenlosen Isoliergläsern der Fenster.

Zu Anfang gab es natürlich Bedenken, und es war von Beginn an klar, dass es sich hier um einen Wohnversuch handelt. Aber weil das klassische Wohnen in einem Gründerzeithaus, das im Grunde keinerlei Herausforderung bietet, eine schreckliche Vorstellung für das Architektenpaar ist, gingen sie das Risiko ein und können heute, mit gut acht Jahren Erfahrung, von einem absolut gelungenen Experiment sprechen. Und es wird laufend fortgeführt, denn je nach Lebenssituation und den sich entsprechend verändernden Bedürfnissen bauen Popelka und Poduschka um. Denn Wohnen ist für die beiden Leben: ein sich ständig wandelnder Prozess.

## BIOGRAFISCHES

Anna Popelka, Jahrgang 1961, und Georg Poduschka, Jahrgang 1967, studierten an der TU Graz sowie an der Ecole d'Architecture Paris-Tolbiac. Die Bürogründung erfolgte 1995, seit 2007 gibt es PPAG ARCHITECTS ztgmb. Die Projekte von PPAG sind nicht nur viel beachtet, sondern auch vielfach ausgezeichnet, dazu zählt auch das Haus mit der Elefantenhaut in Zurndorf. Zurzeit werden verschiedene Wohnprojekte in Wien und Linz realisiert – darunter »Wohnen am Park« oder »Wohnhof Orasteig« –, aber auch das große multifunktionale Projekt »Europan6« in Wien Simmering. Architektur als »multifunctional tool« von PPAG gibt es im Museumsquartier, wo die Hartschaummöbelelemente – jedes Jahr in einer anderen Farbe – längst zum integrierten und intensiv genutzten Bestandteil des weitläufigen Hofes geworden sind (www.ppag.at).

# Minimalistische Opulenz

Susi Hasenauer & Armin Ebner/BEHF, Wien

**Gegenüber** Um in ihrer Wirkung nicht beeinträchtigt zu werden, verlangt die exquisite Eleganz der Räume ein gewisses Maß an Distance: Die Möbel müssen eine stille, schlichte Formensprache sprechen und sich, aufs Notwendigste reduziert, in das Zentrum der Räume begeben.
| **Rechts** »Als Architekt der eigenen Wohnung besteht die Gefahr,« sagt Susi Hasenauer, »dass der Abstrahierungsgrad abhanden kommt und man schnell der Maxime verfällt, alles müsse praktisch sein.« Die Weitläufigkeit dieser Wohnung lässt beides zu – auch ein privates Fitnessstudio. Im Ambiente dieses Raums bekommt der Gebrauchsgegenstand eine durchaus skulpturale Qualität.

Eine Wohnung mit den beeindruckenden Ausmaßen von 320 Quadratmetern und hohen, mit delikatem Stuck geschmückten Decken plant man nicht formal im Vorfeld durch, richtet man nicht einfach ein. Man besiedelt sie – langsam, sorgsam, mit Achtung vor der Reinheit ihrer räumlichen Struktur. Man lernt zu hören, was sie anbietet, lässt den Räumen ihr Recht, um dank der Effizienz ganz unzeitgemäßer Gemächlichkeit zu erkennen, was die einzelnen Räume leisten können, was ihnen innewohnt und was nicht. Das Resultat ist nicht bloß die bestechend eindeutige Richtigkeit der Nutzung der einzelnen Volumina, sondern und vor allem ein ästhetisches Surplus, das aus der vom Raum selbst offerierten Funktionalität entsteht.

All dies entwickelt sich nicht ausschließlich aus dem Mikrokosmos des privaten Ambientes, sondern entsteht in einem Dialog mit dem Umfeld, dem Gebäude, in dem sich die Wohnung befindet, und – noch ein wenig weiter

**Links** Pars pro toto – eine der delikat gearbeiteten Stuckarbeiten aus der Bauzeit des Gebäudes. | **Unten** Susi Hasenauer und Armin Ebner sammeln Fotografien, die ausschließlich in diesem Raum neben dem Pawlatschen-Vorraum aufgehängt werden. Die Bilder werden immer wieder ausgetauscht, der Rest ruht mittlerweile auf dem Boden. Die drei Fotografien an der Stirnwand sind ebenso Arbeiten der russischen Gruppe AES+F wie *Tondo #22* aus der Serie *Last Riot* (rechts im Bild).

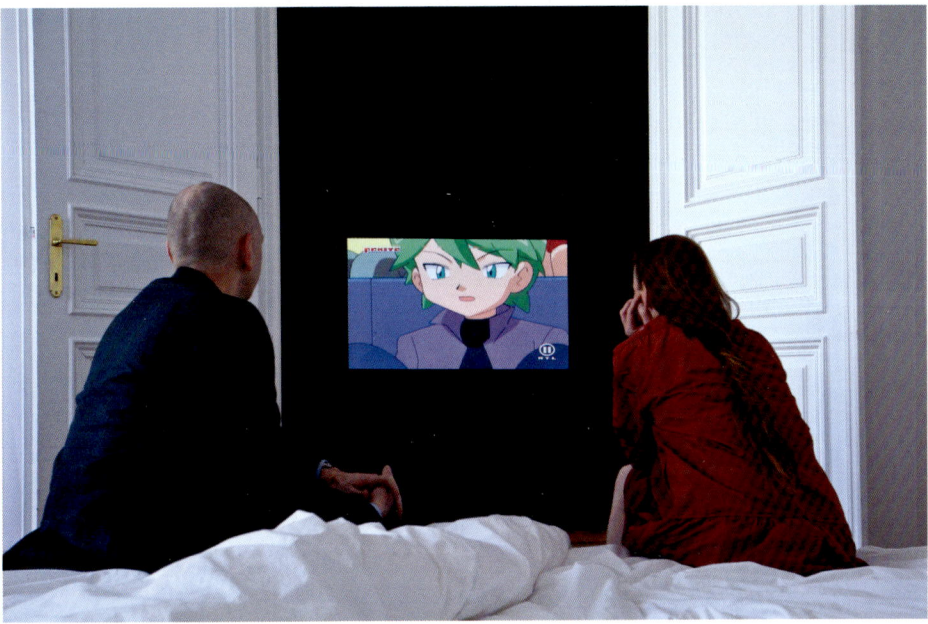

**Oben** Der Kubus ist kein Schrank (und entlarvt sich auch niemals als solcher), er ist ein Raum im Raum, der das Volumen dank seiner Spiegeloberfläche auch noch verdoppelt. Hinter den Spiegeltüren verbergen sich Bücher, Kleidung, eine Bar – doch das Gebilde Stauraum zu nennen wäre wahrlich Blasphemie. An der Rückseite zum Schlafzimmer hin verbirgt sich zudem ein Plasmaschirm im Kubus.

gefasst – der Gegend, in dem das Gebäude liegt. So zoomt man sich gewissermaßen heran: durch den 1. Bezirk mit seinen unzähligen Touristen; an seinen Rand in der Nähe des Donaukanals, wo die Luft reiner wird und die Frequenz der Passanten geringer; gelangt auf einen weiten, grünen, pariserisch anmutenden Platz und betritt ein Haus, das den morbide gewordenen Charme der Gründerzeit mit seinem kühlen, dunklen Flur heimlich zu feiern scheint. Betritt man dann die Wohnung von Susi Hasenauer und Armin Ebner, wandelt sich der sentimentale Valse triste des Entrees in eine funkelnde Sinfonie in Dur. Ihr erster Satz ein wienerisches Allegretto im sonnigen Pawlatschen-Vorraum, ihr zweiter ein luzide durchdachtes Menuett aus kontemporärer Kunst in altem Rahmen, ihr Höhepunkt schließlich ein elegantes Maestoso: Nicht von ungefähr bedient man sich zur Beschreibung dieser Wohnung eines musikalischen Vokabulars, wirkt doch jedes Detail ungeachtet dessen, dass die Besiedelung nicht abgeschlossen ist, wie eine einzelne Note des melodisch durchkomponierten Ganzen. Mit sensiblem Geist und sicherer Hand haben es die beiden Architekten verstanden, die typischen Merkmale einer feudalen Altbauwohnung zwar anzunehmen, dann aber aufzuweichen, fortzuführen und sie so in die Gegenwart des einundzwanzigsten Jahrhunderts zu transferieren.

Sternparkett, hohe, glatte Wände, die den Blick zu den aufwendig gearbeiteten Stuckdecken mit floralen, ornamentalen und bildhaften Elementen regelrecht hinführen, vermitteln eine gestalterische Reichhaltigkeit, dass es einem den Atem verschlägt. Solch substanzielle Opulenz zu bewältigen, ihr mit Respekt zu begegnen, ohne ihr ästhetische Hegemonie einzuräumen, gelang mit einem bestechend einfachen Mittel, dessen Effekt ein völlig neues Raumerlebnis schafft: Sowohl im Vorraum als auch im großen Wohnsalon und in einigen der Nebenräume wurden bodenlange, transparente, in sanften vertikalen Wellen fallende Vorhänge über alle Wände gezogen. Was daraus entstand ist – auch in der Konsequenz der Durchführung – eine spannende Mehrschichtigkeit, ein Oszillieren zwischen Verdeutlichung und Verfremdung der Räume.

Dem Prinzip der Mehrschichtigkeit folgt konsequenterweise auch die Beleuchtung. Käme sie von oben, würde sie das Bild bis zur Unkenntlichkeit verletzen. Gerade hier muss das Gesetz, dass Beleuchtung nicht nur den Einsatz von Licht, sondern auch jenen von Schatten bedeutet, angewandt werden. Mit kopfverspiegelten Glühlampen, die hinter den Vorhängen in etwa fünfzig Zentimetern Höhe einfach in Wandfassungen stecken, entsteht abends ein goldfarbenes Spiel aus Hell und Dunkel. Dann wird das orchestrale Maestoso kammermusikalisch intim, wandelt sich die kühle Neutralität des Tages zu erstaunlicher Wärme.

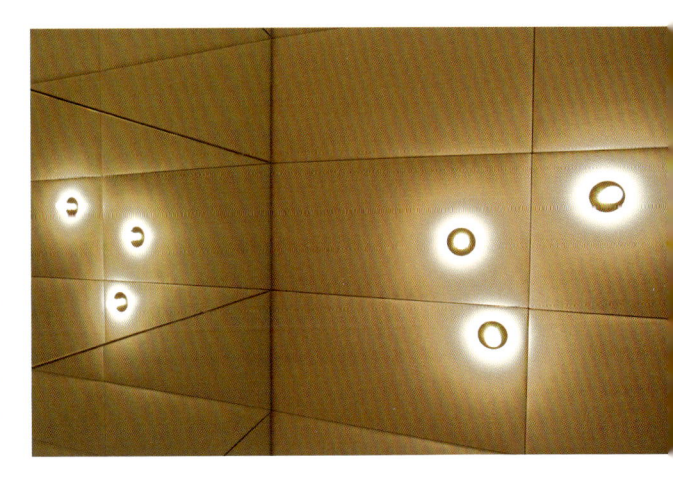

Konsequent folgten die Architekten auch in den anderen Räumen dem Thema des mehrschichtigen Vexierbildes. Beispielsweise mit den mächtigen, verspiegelten Kuben in dem weitläufigen Raum zwischen Salon und Schlafzimmer. Kein Hinweis entlarvt diese Objekte, die den Raum dank ihrer Oberfläche verdoppeln und zugleich eine Abgrenzung des öffentlichen zum privaten Bereich der Wohnung bilden, als Schränke. Alle andere Möblierung in dieser minimalistischen Opulenz ist, was sie sein muss: zurückhaltend, schlicht in Formensprache und Farbgebung, reduziert auf das Notwendigste und platziert im Zentrum. Nichts soll die Konzentration beeinträchtigen.

Susi Hasenauer und Armin Ebner haben lange gesucht, bis sie diese Wohnung fanden. Ihre Besiedlung wird wohl noch eine Weile dauern, für das Jetzt hat sich aber mit Sicherheit herausgestellt, dass die Beziehung zwischen den Räumen und ihren Bewohnern das Potenzial fruchtbarer Weiterentwicklung in sich trägt.

**Gegenüber** Der opulente Minimalismus bleibt und wandelt doch vollständig seinen Charakter. Goldfarben, weich, feminin, ohne dabei das Grundkonzept zu verraten, zeigen sich die Räume abends mit dem Beleuchtungssystem von Christian Ploderer. Licht ist niemals nur Licht, sondern immer auch Schatten – dieses Prinzip wird kaum je so offenbar wie hier. | **Rechts** Ein letzter Blick in den hintersten Raum der Wohnung. Die Wand ist hier mit weißem Kunstleder bespannt, das durch die Lampen einen warmen Cremeton erhält.

## Biografisches

Susi Hasenauer, Jahrgang 1965, studierte Architektur bei Wilhelm Holzbauer an der Hochschule für Angewandte Kunst in Wien. Armin Ebner, Jahrgang 1966, studierte Architektur anfänglich an der TU Wien, bevor er an die Hochschule für Angewandte Kunst wechselte, wo er sein Studium bei Wilhelm Holzbauer, Jürgen Sawade und Paolo Piva abschloss. 1995 gründeten sie gemeinsam mit Stephan Ferenczy aufgrund eines Auftrags der Firma Libro, ein Future-Outlet zu gründen, das Architekturbüro BEHF. Zu den wesentlichen und vielfach publizierten Realisierungen zählen öffentliche Bauten ebenso wie Wohnbauprojekte, Büro- und Geschäftshäuser sowie Bauten und Interieurs in den Bereichen Kunst, Kultur und Gastronomie sowohl im In- wie auch im Ausland (www.behf.at; *siehe auch Seite 134, Stephan Ferenczy*).

# Die Erweiterung des Raums

## Alfred Berger & Tiina Parkkinen, Wien

**Gegenüber** Den geologischen Vorgaben verdankt das alte Winzerhaus seine gegenüber dem Neubau erhöhte Lage: Hier, am Stadtrand Wiens, beginnt der Wienerwald und damit bereits das sanft hügelige Alpenvorland. Das ausgebaute Dachgeschoß im Altbau ist vom Treppenhaus des Neubaus erreichbar. Hier haben Tiina Parkkinen und Alfred Berger ein vom restlichen Wohnbereich unabhängiges Appartement für ihren Sohn eingerichtet.

**| Rechts** Glatt geschliffener Beton, gebackenes Fichtenholz, die Glasfuge links und das Zitat einer »curtain wall« – dem Treppenhaus wurde gerade so viel Raum wie nötig gegeben, beengend wirkt es nie.

Ganz von selbst schieben sich Erwartungen ins eigene Bildgedächtnis: Wien-Hietzing, 13. Bezirk, Villenviertel also. Wäre es nicht der Weg zu einem Architektenehepaar, dessen Arbeit sich erst unlängst wieder, mit dem Um- und Ausbau der Residenz der norwegischen Botschaft nämlich, als in gleichem Maße kreativ, feinfühlig und luzide erwiesen hatte, erkletterte man die zum Lainzer Tiergarten hin ansteigende Gasse wohl mit einem gelinden Gefühl von mehr Pflicht als Neigung. So aber steigt die Neugierde auf etwas, das vielleicht gar nichts mit dem üblichen Villenviertelgepräge zu tun hat. Das ist dann auch die einzige Erwartung, die erfüllt wird. Denn beim Haus von Tiina Parkkinen und Alfred Berger angelangt, steht man vor einem strengen, mit vertikalen Holzlatten verkleideten kubischen Bau, der dem gutbürgerlichen Ambiente – salopp formuliert – gut gelaunt die lange Nase zeigt.

Die Raffinesse dessen, was Parkkinen und Berger hier zwischen 2004

**Diese Seite** Rund 75 Quadratmeter misst das Studio, das sich die Architekten zu Hause eingerichtet haben und das sich über die gesamte Tiefe des Hauses erstreckt. Die nahezu raumhohen Fenster zur Straßenseite sind mittels Holzläden vollkommen zu verschließen. Die Fotografie an der Wand hinter Alfred Berger und Tiina Parkkinen zeigt die Fassade der Botschaften der Nordischen Länder in Berlin, die die beiden 1999 finalisierten. Die Tochter des Architektenpaares sitzt auf einem Barcelona-Chair von Ludwig Mies van der Rohe, der Hocker vor dem Fenster ist ein Entwurf von Alvar Aalto.

Die Erweiterung des Raums

**Oben** Einblicke in die Wohnküche, deren riesige Fläche durch den langen Tisch eine begreifbare Organisation erfährt. Der Herd in der halbrunden Nische ganz hinten ist kein räumlicher Romantizismus, sondern hat mit der originalen Bausubstanz des alten Hauses zu tun, denn dort, wo die Nische ist, verlief früher die Treppe. Durch die in reizvollem Kontrast zur kühlen zeitgenössischen Architektur der Küche stehende alte Tür geht es zu den Schlafzimmern.

und 2005 für sich, ihre beiden Kinder und die Mutter von Alfred Berger geschaffen haben, zeigt sich zuerst ein weiteres Mal von außen betrachtet, diesmal aber von der Gartenterrasse aus: Das Wohnhaus entstand unter Einbeziehung eines alten Winzerhauses aus dem neunzehnten Jahrhundert, das sich nach dem Umbau strahlend renoviert an der Seite des massiven, holzverkleideten Neubaus wiederfand. Wie harmonisch Raumvolumina und Proportionen im alten und im neuen Bau miteinander korrespondieren, das lässt sich naturgemäß nur durch eine Erkundungsreise durch das Wohnhaus erleben.

Das alte Winzerhaus wurde zum größten Teil entkernt, um, dem Garten zugewandt, eine weitläufige Wohnküche, einen Zwischenraum mit vollflächiger Glastür auf die Terrasse und einen behaglichen Wohnraum, verborgen von einem massiven gemauerten offenen Kamin, aufnehmen zu können.

Auf der anderen Seite des alten Hauses steht der dreigeschoßige Neubau, der über eine Betontreppe erschlossen wird. Hier wird kein Raum verschenkt, und trotzdem beschleicht einen nirgendwo ein Gefühl der Enge, denn auf der einen Seite des Treppenhauses schwebt eine gläserne, die beiden Bausubstanzen verbindende Fuge, auf der zur Straße gelegenen Seite zieht sich ein großes Fenster vom Erdgeschoß bis zur ersten Etage. Im ersten Geschoß liegt ein riesiger Arbeitsraum, der sich über die ganze Fläche des Neubaus erstreckt, darunter die Wohnung von Alfred Bergers Mutter und ganz oben schließlich die Sauna und eine Dachterrasse.

Schwer vorstellbar, dass sich irgendjemand von diesem Haus nicht berühren ließe. Zu vielfältig sind die Eindrücke, zu neugierig ist man auf die Details. Da ist die Holzfassade, die sich im unteren Teil des Neubaus ins Treppenhaus zieht und einen nahtlosen Übergang von draußen nach drinnen schafft. Sie besteht aus Kiefernholz, das nach einem speziellen finnischen Verfahren »gebacken« wurde: Dabei wird das Holz auf 230 Grad Celsius erwärmt, was die Zellstruktur des Holzes so verändert, dass es gegen Feuchtigkeit und Schädlinge resistent wird und sich zudem kaum verfärbt. Eine weitere Behandlung des Holzes ist danach nicht mehr notwendig. Dann das große Fenster im Stiegenhaus, das sich bei genauerer Betrachtung als »curtain wall« à la Gropius oder Le Corbusier und damit als Architekturzitat entpuppt. Das weitläufige Atelier, dessen hohe Fenster zur Straße hin durch Fensterläden, die sich nahtlos in die Fassade fügen, vollständig verschlossen werden können, womit das beeindruckende Volumen Intimität bekommt. Und dann natürlich die Sauna ganz oben. Zum einen trifft man auf eine Sauna meist im Keller eines Wohnhauses. »Ganz falsch,

**Unten** Die Sauna im obersten Geschoß ist nach außen durch eine spezielle Wandkonstruktion aus Holz- und Glasstreifen vor missliebigen Einblicken und Kälte geschützt. Im Inneren wurde für Boden und Stützwand anthrazitgrauer Basaltlava verwendet, wie man ihn auch vom MUMOK im Wiener Museumsquartier kennt. In dem schlichten Raum vor der Sauna prangt ein komfortables »Erbstück«: Timo Penttilä, Lehrer von Alfred Berger und Tiina Parkkinen, hatte dieses Möbel von Yrjö Kukkapuro in seinem Büro in der Akademie stehen.

**Rechts** Eher maghrebinisch denn skandinavisch mutet der behaglich kleine Wohnraum an. Kleine Fenster, eine niedrige Holzdecke, ein warmer Holzboden und marokkanische Stoffe: Selbst Toshiyuki Kitas Sessel *Wink* – hier einmal in selten gesehenem Schwarz – fügt sich in eleganter Zurückhaltung in das Geborgenheit vermittelnde Ambiente ein.

auch wenn es manchmal einfach nicht anders geht«, erklärt Tiina Parkkinen, Tochter eines bekannten finnischen Architekten und einer Österreicherin, »denn eine Sauna muss ein Raum sein, in dem man atmen kann, der Bezug zur Natur hat.« Zum anderen fasziniert hier oben die Wandkonstruktion, die nach einem speziellen, von Berger und Parkkinen entwickelten Verfahren realisiert wurde. Dabei wurden Stück für Stück Glasstreifen in Holzlatten gesteckt – ein Experiment zweifellos, ein kostenintensives wohl zusätzlich, an dessen Verwirklichung die Salzburger Tischlerei Schnitzhofer wesentlich beteiligt war. Das Geniale an dieser Holz-Glas-Wand ist nicht nur die Idee, sondern auch ihr Nutzen, denn sie ist ein perfekter Sichtschutz – von innen ist das warme Sonnenlicht, das durch das Laub der Bäume rieselt, zu sehen, von draußen sieht man nicht hinein – und hält hohen Temperaturschwankungen problemlos stand. Das muss sie auch, wenn es im Winter draußen minus zehn Grad hat und drinnen in der Sauna plus siebzig Grad. Vor der Sauna liegt ein schlichter Raum mit beeindruckenden finnischen Designermöbeln vor einer großen Glastür, durch die es auf die Terrasse geht.

Im milden Licht der Abendsonne blickt man dann von dieser Terrasse auf die umliegenden Hietzinger Villen und freut sich ungemein, dass man in keinem ihrer Gärten sitzt: Die Neugierde darauf, was sich hinter der Holzfassade dieses Hauses mit seiner starken Ausstrahlung verbirgt, wäre nahezu unerträglich.

## BIOGRAFISCHES

Tiina Parkkinen, Jahrgang 1965, wurde in Wien geboren, wuchs in Finnland auf und absolvierte ihr Architekturstudium bei Timo Penttilä an der Akademie der bildenden Künste in Wien. Alfred Berger, Jahrgang 1961, studierte drei Jahre an der TU Wien, bevor er an die Akademie der bildenden Künste in Wien wechselte, wo er ebenfalls bei Penttilä studierte. Der Partnerschaft mit Timo Penttilä und Werner Krismer folgte ein Lehrauftrag an der Akademie bei Penttilä und Massimiliano Fuksas, bevor er mit Tiina Parkkinen das Architekturbüro gründete. Zu ihren wesentlichen Projekten zählen u. a. die Botschaften der Nordischen Länder in Berlin, die Residenz der Königlichen Norwegischen Botschaft in Wien, eine Villa mit Privatmuseum in Schweden oder die viel beachtete Ausstellung »Eine barocke Party« in der Wiener Kunsthalle. Zurzeit arbeiten Berger + Parkkinen am Competence Park in Salzburg sowie an einem großen städtebaulichen Wohnprojekt in Paris (www.berger-parkkinen.com).

# Beweglichkeit als Programm

## Friedel Winkler/RATAPLAN, Wien

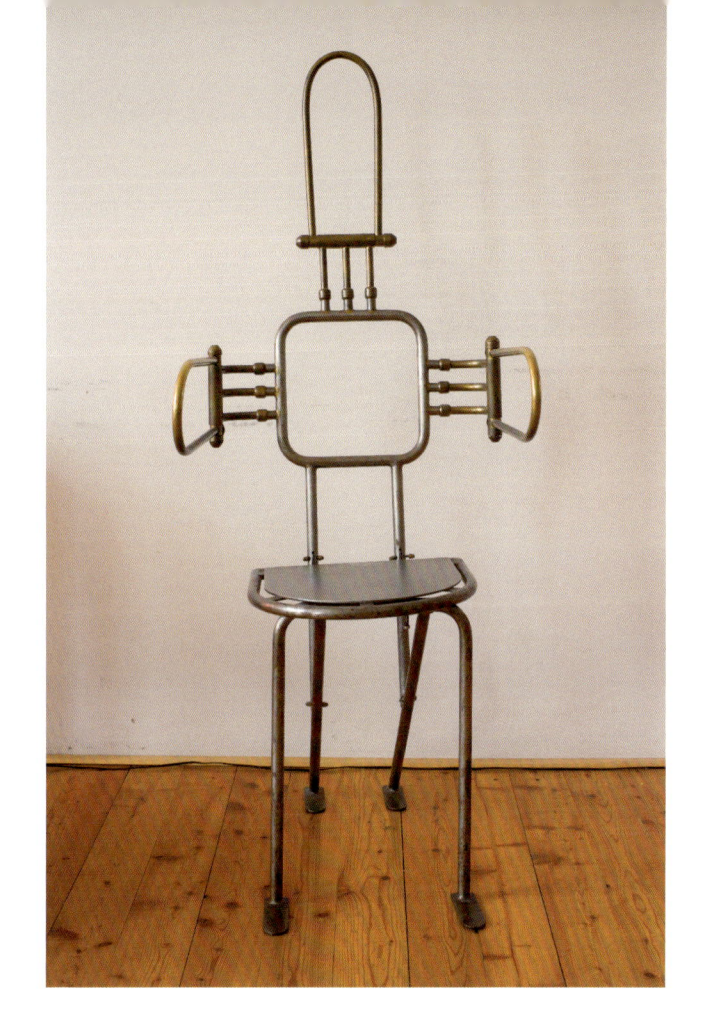

**Gegenüber** Helle Farben, leichtgewichtige Möbelsolitäre und der linear verlegte Holzboden lassen das Loft optisch noch weitläufiger erscheinen, als es ohnedies ist. Auch die Treppe in das Schlafzimmer mindert diesen Eindruck nicht. | **Rechts** Dieser Stuhl ist ein frühes Design-Objekt von Friedel Winkler, bei dem er in den 1980er Jahren einen ersten Versuch unternahm, Metall zu bearbeiten.

In einem weit hinten gelegenen Innenhof an der Wiener Mariahilferstraße lebt in einem weitläufigen Loft Friedel Winkler, der dieses als ein räumliches Konglomerat zwischen Wohnung, Arbeitsraum und Atelier bezeichnet, in dem nicht nur er sich wohlfühlt, sondern auch ein paar Grünpflanzen von beachtlichen Ausmaßen. Als Winkler das Objekt vor mittlerweile gut zehn Jahren fand, war der ganze Komplex zwischen Mariahilferstraße und Schmalzhofgasse einigermaßen heruntergekommen. Bis auf ein paar Lagerräume und eine Druckerei gab es hier kaum etwas. Ausgenommen die Pension Monaco, eine üble Absteige mit klitzekleinen Zellen, die bloß durch Pressspanplatten getrennt waren. Heute sieht der Gebäudekomplex aus dem späten neunzehnten Jahrhundert ganz anders aus: Vorne an der Mariahilferstraße gibt es Lokale, darunter eine Bar, die Friedel Winkler mit Freunden betreibt, dahinter in den einzelnen Gebäuden Wohnungen und Ateliers, die vielfach von Architekturbüros genutzt werden.

Und die Pension Monaco? Sie wurde zu dem Loft, um das es in diesem Kapitel geht. Rund hundert Quadratmeter in offener Weitläufigkeit hat die Wohnung in der unteren Ebene. Darüber gibt es etwa zwanzig Quadratmeter, auf denen Winkler sein Schlafzimmer eingerichtet hat. Und dort steht auch eine Leiter, die Friedel Winkler aufs Dach bringt, wo der Blick über die Stadt sehr schön ist.

Bis auf ein mit roten Schiebetüren verschließbares Regal bei der Eingangstüre ist nichts in dieser Wohnung fix installiert. Im Prinzip sind auch die massiven Einrichtungsgegenstände so konstruiert, dass sie – mit ein paar helfenden Händen vielleicht – innerhalb weniger Stunden eine ganz neue Wohnung entstehen lassen könnten. Das gilt sogar für die Küche, deren Elemente sich auf schweren Industrierädern leicht von da nach dort schieben ließen.

Am beeindruckendsten in diesem großen, offenen Loft ist der Mittelteil mit den Möbelsolitären, die genug Raum um sich haben, um ins Auge zu fallen: die so elegante wie temperamentvolle Linie der orangefarbenen Verner-Panton-Stühle, das strahlend weiße Sofa, das lindgrüne Möbel, das als Sofatisch dient, tatsächlich jedoch aus der Ausstellung *fast forward* im k/haus Wien und damit von propeller z stammt, und auch die tiefgrüne Récamiere, ein Theaterrequisit, das ein wenig den Eindruck macht, als hätte es sich aus einem Boudoire hierher ver-

**Oben links** Dreimal Verner Panton in Orange vor einem markanten »Schnittbild« von Abdul Sharif Baruwa. | **Oben rechts** Die Empore über dem Badezimmer, das mit einer Schiebetür aus Eternit verschlossen wird, dient als luftiger Stauraum mit Gästematratze. Die Récamiere davor ist ein so witziger wie auffallender Stilbruch in diesem ansonsten ganz dem zwanzigsten Jahrhundert verpflichteten Loft.

Beweglichkeit als Programm

**Oben** Es war einmal *ein* Philodendron – jetzt ist er *drei* und so ausufernd, dass er als Monument seiner Gattung gelten darf – oder als lebendige Skulptur mit biomorphen Formen.

irrt, und sich fast ein wenig verschämt an die Badezimmerwand drückt. Das Badezimmer ist der einzige Bereich des Lofts, der sich nicht verrücken lässt, macht diese »Unzulänglichkeit« jedoch mit schöner Leichtigkeit wieder gut, denn anstatt schwerer Wände sind es raumhohe Glaswände, die den Bereich umschließen. Wenn Licht im Badezimmer brennt, wirkt es wie eine Skulptur, wenn nicht, zieht es sich diskret in den Hintergrund zurück.

Keine Frage: Dieses Loft eignet sich geradezu genial für große Feste. Und die haben hier auch schon mehr als einmal stattgefunden. Der monumentale Philodendron scheint es gelassen zu nehmen.

## Biografisches

Friedel Winkler, Jahrgang 1958, absolvierte das Studium der Architektur an der TU Wien. Im Jahr 1989 gründeten die Architekten Rudi Fritz, Susanne Höhndorf, Gerhard Huber, Martina Schöberl und Friedel Winkler eine Arbeitsgemeinschaft, die seit 1993 unter dem Namen RATAPLAN firmiert. Zu den wesentlichen Arbeiten von RATAPLAN zählen u. a. die seit 1996 andauernden punktuellen Adaptionsarbeiten an der Arena Wien mit dem bisher größten architektonischen Eingriff, einer »Spange« zwischen großer Halle und Open-air-Bereich, diverse Wohnbauten im Bereich Dachausbau, Einfamilienhaus und Wohnhaus mit Mietwohnungen sowie Um- und Innenausbauten im Geschäfts- und Bürobereich wie z. B. Vienna Paint (www.rataplan.at).

# Zeitlosigkeit durch Minimalismus

Stefan Marte/marte.marte, Weiler

**Gegenüber** Der Entstehungsprozess dieses charakterstarken Einfamilienhauses dauerte gut eine Dekade. Was Stefan Marte als immens schwierig empfand, war, sich festzulegen. Die Lösung war schließlich die absolute Reduktion, die zu einer Idealform des Wohnens führte: Die abweisende äußere Erscheinung gibt den Bewohnern im Inneren die Intimität, die sie brauchen. Die Entscheidung für einen Betonbau fiel in Hinblick auf Zeitlosigkeit: Beton ist nicht nur variabel und formbar, er behält über lange Zeit sein Aussehen und altert schließlich in Schönheit und Würde. Abends lässt sich das Haus vollkommen von seinem Ambiente abgrenzen: eine vollflächige Metalltür verschließt den Eingang, und an den Glaswänden verlaufen in den Räumen Schienen für weich fallende Vorhänge. | **Rechts** Einer Brücke gleich, die das Haus mit seinem Ambiente verbindet, streckt sich diese Stahlzunge hinter dem Haus von der oberen Terrasse zur Straße.

Wie ein Monolith, abweisend fast, jedenfalls aber von ungeheurer Präsenz in der Landschaft, sitzt Stefan Martes Haus in dem steilen Wiesenhang im Vorarlberger Dorf Dafins. Es ist ein starker und kompromissloser Bau, dessen schroffes Äußeres sich aus dem perfekt inszenierten Zusammenspiel von Form und Material ergibt. Konsequent wurden die drei zusammengefügten Baukörper – ein Sockelkubus und zwei darauf in der Frontlinie versetzt platzierte Kuben – aus Beton modelliert. Selbst für das Flachdach hat sich das Architekten-Brüderpaar Bernhard und Stefan Marte für Beton entschieden und nicht – wie üblich – für eine Blechverkleidung: Sie hätte die kompromisslose und zeitlose Schärfe des Baus in jedem Fall verletzt. Lässt einen dieses Haus aber in sein Inneres, so erweist sich die harte, introvertierte Schale als Conditio sine qua non für den weichen, behaglichen Kern, der den Bewohnern – Stefan und Margot Marte mit ihren vier Töchtern – alle Intimität gibt, die sie brauchen. Sofort mit dem Betreten des Hauses werden das durchkomponierte Raumgefüge, die Höhen und Tiefen der Kuben spürbar. Eine so durchdachte wie ansprechende Choreografie aus Treppen, transparenten und geschlossenen Wänden hebt an, deren Rhythmus man sich getrost anvertrauen kann. Mit schöner Selbstverständlichkeit wird man von ihm in die einzelnen Bereiche des Hauses geleitet, die insgesamt in absolutem Gegensatz zum Äußeren stehen: So hart die Schale ist, so weich ist der Kern, in dem die Betonwände vollständig hinter einer weichen und in der Farbe warmen Birkensperrholzverkleidung verschwinden.

Steigt man die Treppe hinauf, landet man auf einer Plattform, von der es in die beiden aufgesetzten Kuben geht. Wendet man sich nach links, gelangt man in die Wohnküche – und begreift plötzlich die charakterliche Substanz dieses Baus: Die Außenhaut aus Beton existiert als beschützendes Faktum im Hintergrund, bleibt drinnen jedoch so gut wie unsichtbar. Dafür ist dieser Raum an zwei Seiten – an der Front und links zur Terrasse hin – von Glaswänden umschlossen, die einen Blick weit übers Rheintal bis auf die Gipfel der Schweizer Berge freigeben. Quer über die Terrasse, deren Brüstung der Konsequenz des Baukörpers folgend nicht transparent, sondern aus Beton ist, sieht man den zweiten aufgesetzten Kubus, den an der Front ebenfalls eine Glaswand abschließt. Die beiden gläsernen Seitenwände dieser aufgesetzten Baukörper

**Oben links** Der Rhythmuswechsel von normalen Treppen zu den breiten, flachen Stufen ins Wohnzimmer war eine rein theoretische Planung, die praktisch hundertprozentig aufging: Gemessenen Schritts bewegt man sich so in einen Raum, der Muße und Entspannung vermittelt. | **Oben rechts** »Das wirkliche Ereignis«, sagt Stefan Marte, »ist, hier schlechtes Wetter zu beobachten«. | **Gegenüber** Auch das Speisezimmer vor der offenen Küche lässt sich mit den Vorhängen, die in den Schienen an der Decke in einer weichen Kurvenführung verlaufen, abschließen: Ein Raum im Raum wird so geschaffen und das Raumerlebnis zu einem vollkommen anderen.

Zeitlosigkeit durch Minimalismus

wenden sich einander zu – auch dies die konsequente Fortführung des »Harte Schale, weicher Kern«-Prinzips des durchmodellierten Baukörpers.

Man sollte sich von diesem Panorama losreißen und sich weiter auf dem Rhythmus der Treppen und Gänge durchs Haus gleiten lassen: von der Plattform nach rechts oben, wo die Stufen niedrig und großflächig werden, den eiligen Schritt also gezwungenermaßen in ein langsames Schreiten verwandeln und so die Ruhe vorbereiten, mit der man im Wohnzimmer ankommen sollte. Das Raumerlebnis ist auch hier genial inszeniert, denn man steigt sozusagen im hintersten Winkel des Zimmers ein und hat prima vista den Raum, dann den anderen Kubus und danach die Weite der Landschaft im Blick. Verborgen im Sockel des Hauses liegen das Kinderzimmer und das Schlafzimmer. Auch hier wurde die Landschaft zum integrativen Element der Räume, denn ein Fensterband von etwas mehr als anderthalb Metern hebt sich aus dem Boden in die Höhe und wird oben – ein perfekter baulicher Sonnenschutz auf dem Südhang – vom dichten Baukörper abgeschlossen. Die Wiese als Bettvorleger sozusagen. Hinter dem Bett im Schlafzimmer liegt – durch eine Glaswand getrennt – das Badezimmer mit der

Stefan Marte/marte.marte, Weiler

**Links** Nur ein kleiner Fensterschlitz (es ist übrigens das einzige Fenster des Hauses, ansonsten besteht es ausschließlich aus offenen und geschlossenen Wänden) lässt an dieser Wand einen Kontakt zur Außenwelt zu. Das Birkenholz an den Wänden wurde mit Weißöl behandelt, um ein zu starkes gelbliches Nachdunkeln zu verhindern, die Böden, ebenfalls aus Birkensperrholz, sind lackiert. Im Sockelkubus darunter befindet sich ausreichend Stauraum, der ebenfalls hinter den goldfarbenen Birkenpaneelen unsichtbar bleibt.

**Gegenüber unten** Es ist absehbar, dass das großzügig angelegte Haus irgendwann zu klein wird, wenn Laura, Sophia, Aurelia und das Baby Hannah heranwachsen. Weil der durchmodellierte Baukörper aber auf keinen Fall erweiterbar ist, denken Margot und Stefan Marte mit seinem Bruder Bernhard über ein mögliches angebundenes »Kinderhaus« nach. | **Rechts** Auch aus der Badewanne, die sich hinter dem Bett getrennt durch eine Glaswand befindet, kann man dem Wetter und der Natur zusehen. Will man Intimität schaffen, zieht man einfach die üppigen Vorhänge vor das Fenster.

Badewanne am Kopfende des Bettes. Für die Intimität und den Schutz nach draußen gibt es weich fallende, weiße Vorhänge, die von der Seite her über fast unsichtbare Schienen zugezogen werden können – dann entsteht ein neuer Raum, ein Beduinenzelt fast, das sich der Welt vollständig entzogen zu haben scheint.

Die Baupläne waren 1992 fertig, Baubeginn war sechs Jahre später, und seit dem Jahr 2000 wohnt Stefan Marte mit seiner Familie in seinem Haus: »Ein Haus für sich selbst zu bauen, mit all den Möglichkeiten formaler Ausdrucksmittel, war das Schlimmste, das es für mich gab. Hat man etwas entschieden, wird es gebaut, ist es festgeschrieben und unveränderlich. Mein Bruder war schließlich der federführende Architekt, ich der Bauherr, dem man sagen musste: Das geht, das geht nicht. Letzten Endes ist dieser Bau gelungen, weil wir uns entschlossen haben, ihn formal bis aufs Letzte zu reduzieren.« Der Weg zur Zeitlosigkeit war eine so zeitaufwendige wie intensive Herausforderung – gut, dass Stefan Marte sie angenommen hat.

**BIOGRAFISCHES**

Stefan Marte, Jahrgang 1967, und Bernhard Marte, Jahrgang 1966, studierten Architektur an der TU Innsbruck und arbeiteten in Architekturbüros, bevor sie 1993 das gemeinsame Büro in Weiler gründeten. Ihre Bauten – darunter das Haus Frick in Röthis, das Badehaus in Rankweil, verschiedene öffentliche Bauten wie die Frödischbrücke in Muntlix oder die Landessonderschule Mariatal in Kramsach sowie der Gewerbebau S. I. E. in Lustenau – werden nicht nur immer wieder ausgezeichnet (S. I. E. erhielt 2004 den Staatspreis für Architektur), sondern auch regelmäßig in internationalen Zeitschriften und Fachmedien publiziert (www.marte-marte.com).

# Raumvariablen
## Gerd Erhartt/querkraft, Wien

**Gegenüber** »Open space« in aller erdenklicher Konsequenz: In Gerd Erhartts und Barbara Kirnbauers Wohnung wird kaum etwas weggeschlossen. Alles liegt offen zutage, ist griffbereit und integriert. Formen- und Farbenreichtum alltäglicher Gebrauchsgegenstände werden so zum gestalterischen Element in einer nicht alltäglichen Altbauwohnung. | **Rechts** Mit einem schlichten Industrieregal wird der Schlafbereich in dem großen Raum definiert. Die Teppiche an der Wand stammen aus der Stadt Bobo-Dioulasso in Burkina Faso, der Bettüberwurf ist eine Arbeit der Kente aus Ghana.

»Ich sehe Wohnungen«, sagt Gerd Erhartt, »als eine Bühne ihrer Bewohner.« Niemals würde er auf die Idee kommen, jemanden in eine ästhetische Richtung, die er selbst für gut hält, drängen zu wollen, wenn dessen Vorstellung eine andere ist. Die meisten Menschen können jedoch kaum genau definieren, wie sie wohnen möchten, also ist es nach Gerd Erhartt gerade beim sozialen Wohnbau die Aufgabe des Architekten, dem potenziellen Bewohner durch einen flexiblen Grundriss ein – im Rahmen des Möglichen – breites Spektrum an Bewohn-Varianten anzubieten. »Architektur muss durch das Leben besser werden.« Das heißt: Jeder hat das Recht, genau auf die Weise zu wohnen, wie es ihm oder ihr im Moment am ehesten behagt. Ob das praktisch ist oder nicht, ob das mit oder ohne Design funktioniert, ob das Weite oder relative Enge bedeutet, hat nur für das Individuum Bedeutung zu haben und ist letztlich, so wie jede Ästhetik, eine Frage der Gewohnheit.

So gesehen folgt Gerd Erhartt mit seiner Wohnung, in der er mit seiner Frau und zwei kleinen Kindern lebt, diesem seinem Prinzip mit einiger Konsequenz, auch wenn die baulichen Voraussetzungen dagegen sprechen: Denn von dem klassischen ursprünglichen Grundriss der Wohnung in einem Gründerzeithaus im 2. Bezirk ist kaum noch etwas zu sehen. Es gibt hier bloß noch eine gemauerte Wand, und die trennt einerseits das Kinderzimmer, andererseits das Vorzimmer vom restlichen Wohnraum. Badezimmer und Toilette dagegen kommen ohne Wände aus und sind im Vorraum hinter großen semitransparenten Kunststoffplanen untergebracht.

Der große Raum ist Küche, Esszimmer, Wohnraum, Leseecke und Spielzimmer der Kinder in einem. Am oberen Ende macht die Bücherwand das

**Unten** Leseecke, Rückzugskokon, Spielplatz: Die ausrangierten Kinosessel sind mehr als das ironische Zitat des herkömmlichen Sofas. | **Rechts** Badezimmer und Toilette sind im Vorraum hinter diesen Kunststoffplanen untergebracht.

**Rechts** Hinter dieser Bücherwand befindet sich das Schlafzimmer. Das Lichtelement rechts ist ein Entwurf Gerd Erhartts und Jakob Dunkls und stammt noch aus der Zeit der analogen Fotografie: Anstatt der bunten Glasscheiben könnte man nämlich Diapositive in den Rahmen schieben.

dahinter liegende Schlafzimmer zum intimen Rückzugsort. Davor stehen – ironisches Zitat der traditionellen Sitzgarnitur – vier ausrangierte hochlehnige Kinosessel. Und vor dem Fenster bildet ein langer Tisch das optische und atmosphärische Zentrum der Wohnung – hier findet die Familie Platz, können die Kinder spielen (eine strategisch ungünstige Ecke ist für das kleine Mädchen mit Schaumstoff abgeklebt), können Freunde miteinander reden. An seinem unteren Ende nimmt ein raumhohes Metallregal die gesamte Breite des Raums ein. Davor – ebenfalls aus Industriemetall – ein Element, das buchstäblich multifunktionell ist: Herd, Arbeitsplatte, Spülbecken – und darunter jede Menge Stauraum. Nichts wird hier abgedeckt, nichts verborgen. Die Formen sind simpel, der Gesamteindruck ist komplex. Und auch das entspricht den Ansichten Gerd Erhartts von einem ge- und belebten, aber nichts beschönigenden Interieur, einem Raum, der durchaus auch einmal unperfekt, unaufgeräumt und unzulänglich sein darf: »Wir wollen keine Räume erzeugen, die hehr sind, die den Menschen klein machen.« Das Leben, das ist das manchmal Unaufgeräumte, das Buch, das herumliegt, das Unzulängliche, und das muss Architektur zulassen – etwas anderes wäre nicht menschlich, nicht die Sprache von querkraft und damit auch nicht jene von Gerd Erhartt.

## Biografisches

Gerd Erhartt, Jahrgang 1964, studierte an der TU Wien, wo er 1993 sein Diplom machte. Fünf Jahre später gründete er mit Jakob Dunkl, Peter Sapp und Michael Zinner (bis 2004) querkraft. Im seither vergangenen Jahrzehnt wurden zahlreiche Projekte verwirklicht, darunter u. a. Adidas Brandcenter in Herzogenaurach, LEE, eine Wohnhausanlage in Wien, Bauteile (Kleinstwohnungen kombiniert mit »micro lofts« für ca. 300 Wohnungen) für Liverpool, aber auch öffentlicher Raum wie etwa Teile von X-Site, der city of entertainment, in der Nähe Venedigs, das Römermuseum in Wien oder das 30 Meter frei auskragende private Museum Liaunig in Kärnten (www.querkraft.at).

# Die Kunst, das Glück zu finden
## Gisela Podreka & Boris Podrecca, Wien

Gegenüber  Ein Haus als erweiterte Zeit: So sieht Boris Podrecca das Domizil, in dem er mit seiner Frau Gisela Podreka lebt und in dem sich auch sein Atelier befindet. Hier, in dem großen Wohnraum, der entsprechend Le Corbusiers Maxime eines »plan libre« angelegt ist hat jedes Möbelstück, jedes Kunstwerk mit den Bewohnern, mit Zeitabschnitten, die sie durchlebten, mit ihren Biografien zu tun. Auf der *piazza* versammeln sich die Großmeister der Gestaltung in Form von Sitzgelegenheiten: Alvar Aalto, Charles und Ray Eames, Josef Frank – und Boris Podrecca, der das Sofa *Atlantis* für Wittmann gestaltete.
| Rechts  Von Jože Plečnik stammt dieser 1902 produzierte »Thronsessel«.

Manchmal geht es einfach nicht anders und man muss die Menschen, die man liebt, vom Glück mit sanftem Zwang und milder Erpressung überzeugen: Mit dem Haus in Währing, das die Familie Podrecca (zur Klärung: In der Grenzstadt Triest wurde der Familienname immer wieder je nach Verwaltung variiert; Gisela übernahm ihn dem kyrillischen Geburtsschein folgend mit k, Boris den faktischen mit doppeltem c; der Name stammt ursprünglich aus Aquileia, dem römischen Adriahafen, und ist ein Derivat von Patriarca) bis vor etwa zehn Jahren bewohnte, waren eigentlich alle ganz zufrieden. Doch wenn es ums Wohnen, um die Lebenswelt geht, sind die relativierenden Begriffe »eigentlich« und »ganz« völlig fehl am Platz. Also begann sich Gisela Podreka umzusehen, wurde fündig – und fand sich einer Palastrevolution gegenüber: Zum einen war Boris Podrecca der Ansicht, dass Wohnen und Arbeiten unter ein und demselben Dach, was im neuen Haus der Fall wäre, seiner

Gisela Podreka & Boris Podrecca, Wien

Seelenhygiene nicht zuträglich sei. Zum anderen wollte plötzlich keiner, auch die beiden mittlerweile erwachsenen Kinder, den Garten missen. Doch Gisela Podreka fand Argumente in den Diskussionen mit dem eloquenten pater familias und stach schließlich mit einer Trumpfkarte: Die Verträge waren unterschriftsreif und ein Mitbewerber hatte sozusagen bereits den Füller gezückt, also musste die Entscheidung schnell fallen. Sie fiel für das neue Haus. Und vorweggenommen: Damit ist die Familie heute auch sehr glücklich.

Das Glück nimmt nicht wunder, denn das Haus hinter dem Jörgerbad in Wiens 17. Bezirk, in Hernals also, ist per se ein architektonisches Juwel, das beweist, dass die Formensprachen unterschiedlicher Stilepochen, werden sie mit Sensibilität, gepaart mit Kenntnisreichtum, zusammengefügt, zu einem harmonischen Ganzen werden können. Die untersten beiden Geschoße stammen aus dem Biedermeier und beherbergten damals ein Fuhrwerksunternehmen. In den 1920er Jahren übernahm eine Elektrofabrik das Gebäude und ließ von Hubert Gessner, einem Otto-Wagner-Schüler, zwei Etagen aufsetzen. Dieser Aufbau ist der optische Clou der heute von außen sichtbaren Gebäudestruktur, denn Gessner stellte zwei massive Säulen auf die alte Fassade, setzte die beiden Geschoße (wo die Säulen Teil des Innenraums wurden) leicht vorkragend auf den Biedermeierbau auf und versah sie mit geradezu charismatisch wirkenden, über die ganze Länge verlaufenden Fensterbändern. Den letzten Umbau nahm schließlich Gisela Podreka vor, die auf dem Dach ein Penthouse samt Terrasse errichtete.

Dass ihm das Haus heute so gut gefällt, dass er sich hier so ausnehmend wohlfühlt, sagt Boris Podrecca, liegt daran, dass es »völlig unprätentiös ist, dass es genauso gut in Mailand oder London stehen könnte, dass es nicht im Geringsten ›wienert‹«. Und das Wohnen und Arbeiten unter einem Dach? Kein Problem: »Ich wohne, wie das früher üblich war, in meiner Werkstätte«, und das in einer Vorstadt, die längst nicht mehr peripher ist, sondern zum Wiener Soho wird und eine lebendige Renaissance feiert.

Die erweiterte Temporalität der Außenhaut setzt sich in der Gestaltung des Innenraums fort. Gisela Podreka und ihr Mann halten nichts davon, in einem gestylten Schauraum zu wohnen, zu wesentlich für das Heute ist die Entwicklung aus der Vergangenheit. Lebendiges Werden in glattes Design einzubetten, würde die Biografien sträflich verraten, sie verfälschen und banalisieren. So pflegen die beiden eine wohldosierte Unordnung, in der jedes Möbel, jedes Kunstwerk, jedes Textil und jede Trouvaille Träger von Erinnerungen und persönlicher Geschichte ist.

Was die Grundrissgestaltung betrifft, entstand im Stadthaus eine Stadt im Haus, dessen loftartiger Zentralraum einer *piazza* gleicht. Durch die mittels Grassello-Technik hellgrün gearbeitete Zwischenwand getrennt, verläuft eine

Gegenüber Die *piazza grande*, eine Gasse dahinter sowie verbunden und doch für sich die *piazza piccola*, die Küche. Die Schrankwand in der Gasse verläuft hinter der Wand, die vom venezianischen Kunsthandwerker De Luigi durch die aufgrund ihrer Aufwendigkeit kaum noch angewandte »Grassello«-Technik ihr sonniges Grün erhielt. Mit den Jahreszeiten, mit dem sich verändernden Licht im Tagesverlauf verwandelt sich auch das Grün, das sich einmal mit Goldreflexen schmückt, ein andermal an das saftige Grün des italienischen Frühlings erinnert.

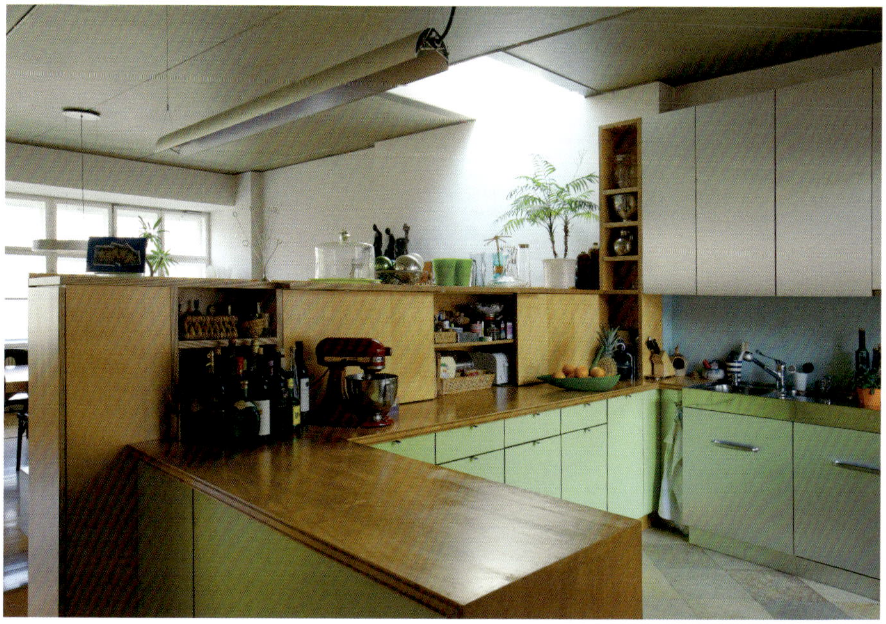
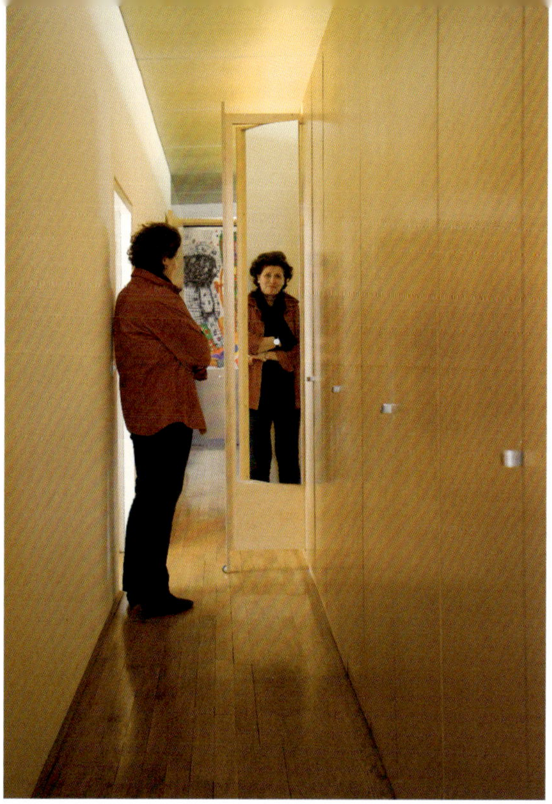
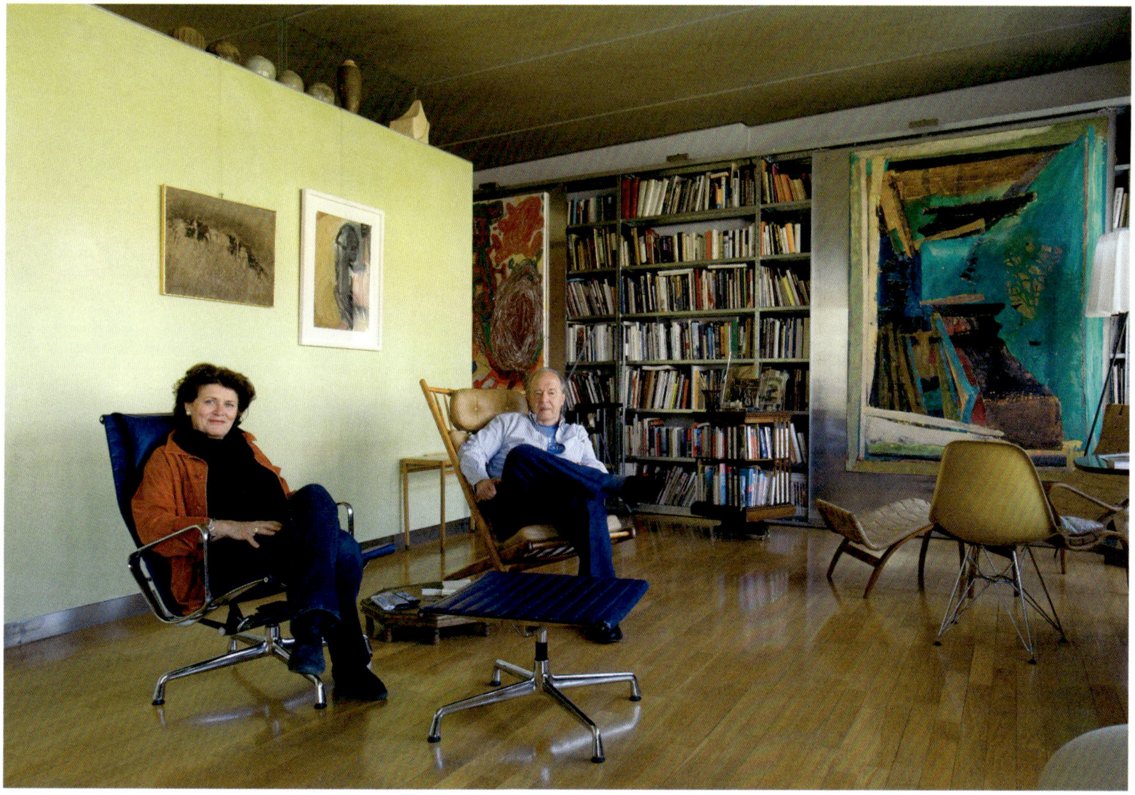

**Links** Die letzte bauliche Veränderung erfuhr das Gebäude in Hernals im Jahr 2000, als Gisela Podreka dem Dach ein Penthouse aufsetzte und davor eine prachtvolle Terrasse anlegte. Dieser Bereich erweitert im Sommer das Haus um beachtliche Raumvolumina, das Penthouse – ausgestattet mit Küche und Badezimmer – dient im offenen Haus Podrecca/Podreka auch als voll funktionsfähiges, unabhängiges Gästeappartement. Der niedrige Tisch ist übrigens ein Eames-Entwurf, der Sessel rechts von Philippe Starck.

Rechts: Von der Seite des Parks aus erzählt die Fassade des Hauses von ihren weit auseinanderliegenden Bauetappen. Die beiden untersten Geschoße stammen aus dem Biedermeier. Um 1930 wurden, leicht über die ursprüngliche Bausubstanz vorkragend und durch Säulen unterstützt, vom Wagner-Schüler Hubert Gessner zwei Etagen mit für die damalige Zeit geradezu revolutionär über die ganze Front verlaufenden Fensterbändern aufgesetzt. Ganz oben das Geländer der Terrasse, und nur Gisela Podrekas Penthouse entzieht sich dem Blick von unten.

schmale Gasse, an der die Privaträume liegen. Und oben drüber gibt es einen großen, mediterranen Garten.

Es war ein harter Weg, bis das Haus so aussah, wie es das heute tut. Vor allem für Gisela Podreka, die das Wohnkonzept für das Haus entwickelte: »Wohnen ist eine Art Erkenntnisprozess darüber, was mir der Raum bietet und wo meine eigenen Bedürfnisse liegen. Erst wenn ich dem auf die Spur gekommen bin, kann ich mich, was die Einrichtung betrifft, frei bewegen. Einen Raum einfach vollzustopfen, ist nicht die Lösung.«

Alle sind glücklich mit der Entscheidung, die Gisela Podreka vor mittlerweile nahezu einer Dekade gegen einige Widerstände durchsetzte. Aber wie gesagt, um glücklich zu werden, ist wohl kein Einsatz zu hoch.

## BIOGRAFISCHES

Boris Podrecca, Jahrgang 1940, studierte Bildhauerei und dann Architektur (bei Roland Rainer) an der Akademie der bildenden Künste in Wien. Danach war er Assistent in München (bei Friedrich Kurrent), ab 1982 nahm er Gastprofessuren in Lausanne, Paris, Venedig, Philadelphia, London und an der Harvard University in Boston wahr; 1986 wurde er Professor und Direktor des Instituts für Raumgestaltung und Entwerfen an der TU Stuttgart. Zu seinen zahlreichen Verwirklichungen zählen in Venedig das Museo d'Arte moderna Ca'Pesaro und fünf Appartementhäuser auf der Giudecca, das Keramikmuseum Ludwigsburg, das Porzellan- und Kunstmuseum in Limoges (in Bau), in Wien der Millennium Tower (mit Peichl und Weber) und der Campus Vienna Biocenter sowie Hotelresorts in Zadar und Dubrovnik. Weiters Gestaltungen öffentlicher Räume (Piran, Bologna, Venedig, Cormons, Wien, Klagenfurt usw.).

Gisela Podreka, Jahrgang 1951, studierte Architektur an der TU München (bei Friedrich Kurrent) und war nach einem Auslandspraktikum in Parma Assistentin von Johannes Spalt an der Hochschule für Angewandte Kunst in Wien. Ab 1983 arbeitete sie mit Boris Podrecca zusammen, bevor sie 1993 ihr eigenes Architekturbüro eröffnete. Gemeinsam mit Elsa Prochazka, Liselotte Peretti, Franziska Ullmann und Maria Auböck führte sie zwischen 1995 und 1997 die Frauen – Werk – Stadt aus, ein außerordentliches Wohnbauprojekt im 21. Bezirk in Wien (www.gisela-podreka.com).

# Wohnen im duftenden Turm

## Antonius Lanzinger/M9, Innsbruck

**Gegenüber** Der massive Turm wurde auf einer Grundfläche von 6 x 8 Metern mit einer Höhe von 15 Metern errichtet. Der Blockbau besteht aus 16 Zentimeter starken Blöcken aus Tannenholz, das – anders als Fichtenholz – kaum nachdunkelt. Auf dem Dach gibt es seit kurzer Zeit eine Solaranlage zur Warmwasseraufbereitung, und geheizt wird das Haus, das ohne zusätzliche Dämmung auskommt, mit Holz.
| **Oben links** Unter dem Dach liegt das Schlafzimmer der Eltern. Das Bett ist ein Entwurf von Antonius Lanzinger. | **Oben rechts** Die Treppen, über die man den Turm erschließt, sind einfach in die Außenwand eingespannt.

Würde Antonius Lanzinger heute, sechs Jahre später, nochmals ein Haus für sich und seine Familie bauen, käme er wohl wieder zum selben Ergebnis: ein innen buchstäblich offener – es gibt keine einzige Tür – Turm aus Holz auf einem steilen Hanggrundstück. Der Grund für diese Unveränderlichkeit liegt einerseits darin, wie Lanzinger das Zusammenleben einer großen Familie versteht, andererseits in dem, was er als Architekt – im Sinne klassischer Handwerkskunst – spannend und herausfordernd empfindet.

Damals, als Antonius Lanzinger das Grundstück fand, spielten auch ökonomische Rahmenbedingungen eine Rolle, denn ein steiler Nordhang mit felsigem Grund ist günstiger zu haben als eine sanft ansteigende Wiese in südlicher Ausrichtung. Der Felsboden ist von großem Vorteil, denn man muss zwar einiges Gerät einsetzen, um ihm für eine Baugrube zu Leibe zu rücken, doch letztlich macht er den Hang mit seiner 35-Grad-Neigung rutschsicher und erspart teure

**Links** Eine große Familie funktioniert nach Ansicht von Antonius Lanzinger nur durch das Miteinander, nicht durch Rückzug: »Es muss sich jeder quasi der Familie stellen.« Konsequenterweise baute er für sich, seine Frau und die fünf Kinder ein Haus ohne Türen – die wären allerdings schon von der Grundkonzeption des eigenwilligen Wohnturms hier nicht möglich gewesen. | **Unten** Ein Blick in die letzte Etage des Turms.

**Oben** Der Küchenblock wurde nach einem Entwurf von Antonius Lanzinger realisiert. Hier in der Küche öffnet sich der Turm noch nach außen – durch die Tür im Hintergrund kommt man direkt in den Garten, die Transparenz des Eingangsbereichs ist links zu erkennen.

Böschungsmauern. Was Lanzinger auf diesem Gelände errichtete, war ein Turm von fünfzehn Metern Höhe – für manche durchaus ein Wohnexperiment also. Und nicht nur das: Der Turm ist ganz aus Holz und in Blockbauweise errichtet, ohne deswegen auch nur im Mindesten etwas Ländlich-Idyllisches oder irgendeine seltsame lederhosenromantische Aura zu verströmen. Ganz im Gegenteil, der Bau wirkt stark, massiv, fast stur, ein wenig wehrhaft und völlig zeitlos.

Betreten wird der Turm sinnvollerweise von ganz unten. Man schlüpft förmlich hinein in diese Hülle aus nach all der Zeit immer noch duftendem Tannenholz. Dort, ganz unten, lässt er noch die Außenwelt ein wenig hinein, der Bereich ist transparent und relativ öffentlich, denn gleich rechts geht es in die Stube, ein fünf Meter hoher Raum mit großem Tisch und mächtigem Kachelofen. Ein paar Treppenstufen weiter und die Küche mit dem offenen Kamin, in dem im Winter Kastanien geröstet werden, ist erreicht. Sowohl von der Stube als auch von der Küche aus gelangt man über kleine Terrassenvorbauten in den Garten. Doch ab jetzt gewinnt das spezifische Gefühl, sich in einem hermetisch abgeschlossenen Turm zu befinden, zunehmend Präsenz: Zuerst gelangt man in die Ebene der Kinder, danach in jene der Eltern. Ganz oben aber ist man erst, wenn man sich auf die Dachterrasse gewagt hat, wo sich mit einem traumhaften Panoramablick über das Inntal der verborgene Zauber dieses eigenwilligen Bauwerks entfaltet. Licht bekommen die beiden oberen Ebenen durch ein riesiges Glasfenster, das schräg nach außen verlaufend an seinem oberen Ende fixiert wurde. Es so zu installieren, war in diesem »Blockhaus«, das bei Stürmen merkbar schwankt und sich als reiner Holzbau natürlich bewegt, die einzige Möglichkeit. Geputzt wird es von Antonius Lanzinger selbst, der sich dann wie in einem Klettergarten und gesichert durch ein Seil entlang des Fensters bewegen kann.

Der Turm als klassisches Bauwerk alpiner Regionen bietet einen immensen Vorteil, indem er eine sparsam bemessene Grundfläche ermöglicht, ohne dass dies auf Kosten des letztlich angestrebten großzügigen Raumvolumens ginge. So entstand eine Art vertikales Loft, in dem die Eltern mit ihren fünf Kindern im Alter zwischen zwei und fünfzehn Jahren leben, in dem es keine Tür gibt, in dem aber auch keiner genötigt wird, einen definierten Platz als solchen für alle Zeiten als unveränderlich zu akzeptieren. Wenn es kalt ist im Winter,

**Unten** Das fast fernöstlich anmutende Badehaus ist ein Refugium allererster Güte: Bevor man in die mit Kupfer ausgekleidete Badewanne (eine Untertreibung: zarte, nicht allzu hoch gewachsene Menschen könnten darin kleine Runden schwimmen) steigt, heizt man den darunterliegenden Ofen ein. Damit erwärmt sich nicht nur das Wasser in einem Reservoir neben der Wanne, sondern auch der gemauerte Sockel und das Kupfer. Dank des gläsernen Dachs kann man dann lange in der Wanne liegen, im Winter dem Schneetreiben zusehen und üben, einfach müßig zu sein.

**Oben** Es ist ein faszinierendes Gefühl, wenn man in dem hermetischen Turm immer weiter nach oben steigt, um schließlich den Schritt ins Freie zu tun und das ganze Inntal vor dem Blick ausgebreitet vorfindet.

kann es schon passieren, dass die Kinder mit ihrem Bettzeug wandern und zum Beispiel in der Stube beim warmen Kachelofen schlafen. Um Günther Feuersteins Theorie von der androgynen Architektur aufzunehmen: Die Vereinigung aus dem männlichen – der himmelwärts strebende Turm – und dem weiblichen – das warme, dunkle, duftende, schützende Innere – Prinzip wurde hier auf höchst eigenwillige Weise umgesetzt.

### BIOGRAFISCHES

Antonius Lanzinger, Jahrgang 1962, absolvierte die HTL Mödling und arbeitete eine Zeit lang als Tischler, bevor er an der TU Innsbruck Architektur zu studieren begann, wo er mit einer Diplomarbeit bei Josef Lackner graduierte. Seit 1996 betreibt er – nach einigen Jahren der Mitarbeit in verschiedenen Architekturbüros – gemeinsam mit Paul Senfter das Büro M9 Architekten in Innsbruck. In den seitdem vergangenen Jahren war M9 Architekten vor allem in Tirol tätig, wo diverse öffentliche Bauten, darunter Seilbahnstationen, Schulen, Sportzentren, entstanden. Zurzeit arbeitet Antonius Lanzinger u. a. an einer Weiterentwicklung des Holzturms für einen privaten Bauherrn im Val di Pejo im italienischen Trentino (www.m9-architekten.at).

# Lustgewinn garantiert
## Gustav Peichl, Wien

**Gegenüber** Zur Straßenseite hin verschlossen, ja abweisend – zur Gartenseite offen, freundlich, einladend: Die Formensprache dieser äußeren Anlage gibt ein klares Statement für Privatsphäre und gegen das Repräsentative. | **Rechts** Überall im Haus gibt es Durchblicke, die wie gerahmte Veduten wirken.

In einem der vielen Interviews, die Gustav Peichl anlässlich seines achtzigsten Geburtstags gab, brachte er die Sache auf den Punkt: »Hätte ich viel Geld und ein großes Grundstück gehabt, hätte ich sicher ein scheußliches Haus gebaut.« Was in wunderbarer Peichl'scher Manier höchst pointiert ausgedrückt wird, hat, was sein Wohnhaus im 19. Bezirk in Wien – in Grinzing, um genau zu sein – betrifft, gewissermaßen Berechtigung: Gustav Peichl hatte im Jahr 1960 eine günstige Weingartenparzelle, die nicht nur sehr schmal und im Verhältnis dazu sehr, sehr lang ist, sondern die außerdem mit einer Reihe von behördlichen Einschränkungen, was das Bauen auf der Parzelle betraf, belegt war: Länge, Breite, Höhe waren vorgegeben – dreißig mal fünf mal sieben. Zudem waren Gustav Peichl und seine Frau zu dieser Zeit noch alles andere als wohlhabend, also musste der Bau seines Wohnhauses auch so wenig wie möglich kosten. Peichl, damals erst zweiunddreißig Jahre alt, verstand es, keine Not zu empfinden, sondern nur

**Oben** Der großzügige Wohnraum liegt direkt vor der Terrasse und dem Garten, dessen Anblick Gustav Peichl und seine Frau so auch im Winter genießen können. Die hängenden Konsolschränke links an der Wand entstanden nach Entwürfen Peichls. | **Unten** Das Esszimmer neben der Küche. Klar organisiert und frei vom »Geplapper von Stilen«, wie Gustav Peichl die Dekorationswut mancher seiner Kollegen nennt, beziehen der Raum und der wohlgesetzte Durchblick in das große Zimmer ihre Attraktivität aus der puren Funktionalität.

Lustgewinn garantiert

126

**Oben links** Irgendwann vor vielen Jahren erstand Peichl eine Napoleonstatuette, einfach weil sie ihm gefiel. Nach und nach bekam er über die Jahre Figuren, Bilder, Memorabilia geschenkt – und irgendwann war aus reiner Eigendynamik eine veritable Napoleon-Sammlung entstanden. | **Oben rechts** Gustav Peichl in seinem Arbeitszimmer, wo sich an der Wand neben seinem Schreibtisch zahlreiche Karikaturen befinden.

Tugend zu erkennen. Denn die Einschränkungen, die Rahmenbedingungen inspirierten ihn zu einem Wohnhaus, das er heute zwar immer noch als klein und bescheiden bezeichnet, das jedoch bei genauerem Hinsehen die perfekte Realisierung seiner eigenen Prämisse guter Architektur ist, nämlich ein Bauwerk zu sein, das seine Poesie, seine Aura daraus bezieht, seiner wahren Funktion – der eines Familienhauses – vollkommen gerecht zu werden.

Ohne Ornamentierungen, ohne jedwede überflüssige Spitzfindigkeiten, unberührt von den Fährnissen finanziellen Überflusses errichtete Peichl einen schlichten Quader, der sich zur Straßenseite hin fast vollkommen abschließt, seine ganze äußere Pracht dafür zur privaten Gartenseite offenbart und solcherart den Bewohnern und dann und wann guten Freunden vorbehalten bleibt. Adolf Loos könnte als Pate des Hauses von Gustav Peichl durchgehen – allerdings nur, was die Besinnung auf überlieferte Formen und ihren probaten Einsatz betrifft. Mit zu viel Lust am Entwerfen und am Bauen ging Peichl auch damals ans Werk, um sich einer anderen als der eigenen Kreativität zu bedienen.

Ein schmaler Eingang führt ins dreigeschoßige Haus, dessen erste Ebene auf dem etwas tiefer gelegenen Teil des leicht ansteigenden Grundstücks liegt.

Gustav Peichl, Wien

Über eine Treppe – sie ist mit Holz verkleidet, erinnert an Loos, aber auch an ein Schiff, und Peichl liebt Schiffe – gelangt man in den großen Wohnbereich, der nun auf einem Niveau mit dem Garten liegt. Damit konnte Peichl tun, was ihm an Architektur so wichtig ist: Überall Durch- und Ausblicke schaffen, die die Wiese, Terrasse, Weingärten rundherum wie Veduten offerieren. Helles, honigfarbenes Holz, wenige, aber sinnvolle und schöne Möbel prägen den großen Wohnraum mit der über die ganze Schmalseite der Wand gehenden Glastür zur Terrasse und zum Garten. Oben schließlich, im dritten Geschoß, liegen die Schlafzimmer und das Badezimmer. So tat der ursprüngliche Bau den Behördenauflagen genüge: Er war exakt dreißig Meter lang, fünf Meter breit und sieben Meter hoch. Erst später kamen seitlich kleine Anbauten dazu, die für die fünfköpfige Familie mehr Raum schufen. Heute, sagt Gustav Peichl, sind ihm und seiner Frau – die Kinder sind ja längst erwachsen und aus dem Haus – die rund 230 Quadratmeter Wohnfläche eigentlich fast schon wieder zu viel.

Die Poesie dieses Hauses offenbart sich nicht nur in der äußeren Form und Anlage, sondern auch in seinen Innenräumen. Einerseits in der bis heute nicht verratenen klaren Funktionalität, andererseits in all den Details, die von einem langen Leben, von vielen talentierten Freunden, vor allem aber von einem

**Unten** Gustav Peichls Genuss dieses idyllischen Stücks Land inmitten der Grinzinger Weinberge ist seit fünf Jahrzehnten ungebrochen. Um das Gedeihen kümmert sich jedoch seine Frau.

**Rechts** Abgrenzung nach außen, Entfaltung nach innen und in den Garten: Gustav Peichls Maxime hinsichtlich im Bau formulierter Privatsphäre wird hier deutlich.

starken Kulturbewusstsein erzählen. Auch der zauberhafte Garten mitten in den Weinbergen Grinzings ist eine Art integratives Element der wie ein unsichtbarer Schutzschild über dem Haus liegenden Aura der Intimität und Privatsphäre.

Gustav Peichl, der den Architekten für den letzten wirklichen Universalisten hält, der gute Architektur als gebaute Manifestation komplexen Denkens betrachtet, meinte einmal, er versuche immer »den erogenen Zonen eines Hauses nachzuspüren« und dass er Spaß haben möchte am Bauen. Nachspüren, Spaß haben und die Reduktion auf die pure Funktion nicht als Einschränkung empfinden, sondern als Selbstverständlichkeit – darin liegen wohl die Gründe, warum Gustav Peichl dieses kleine Haus so besonders vortrefflich gelungen ist.

---

**BIOGRAFISCHES**

Gustav Peichl, Jahrgang 1928, studierte Architektur bei Clemens Holzmeister an der Akademie der bildenden Künste in Wien. Der seit 1956 freischaffende Architekt hatte sich bereits mit einer Reihe öffentlicher Bauten eine hervorragende Reputation geschaffen, als er mit der Errichtung der ORF-Landesstudios (Linz, Salzburg, Innsbruck, Dornbirn, Graz und Eisenstadt) betraut wurde. Mit diesen bis heute gültigen Arbeiten ging Peichl in die österreichische Architekturgeschichte ein, der er später noch zwei Hochhäuser – jenes in der Donau-City und (gemeinsam mit Boris Podrecca) den Millennium Tower – hinzufügte. Die Liste seiner Bauten ist natürlich weitaus länger und umfasst Schulen, Verwaltungsgebäude und Industrieanlagen in Österreich und in Deutschland. Bereits 1955 hatte Peichl unter dem Pseudonym IRONIMUS begonnen, politische Karikaturen zu zeichnen. Diese pointierten Kommentare zur Politik zeichnet er noch heute täglich für *Die Presse* (www.peichl-partner.at, www.ironimus.com).

# Ein Penthouse für Verliebte
## Evelyn Rudnicki/pool Architektur, Wien

**Gegenüber** Ein Dachaufbau, der als Wassertank begann und sich zum Penthouse entwickelte. Der Stahltank wurde herausgeschweißt, die kleine Tür durch eine große Glasfläche ersetzt und das alte, unbenutzte Dach der Alpenmilchzentrale zu einem traumhaften Garten über der Stadt. | **Oben links** Die Stahlkonsole ist die Arbeitsfläche der Küche inklusive Herdplatte. Der Kühlschrank wurde an der Decke angebracht. | **Oben rechts** Das Waschbecken ist gleichzeitig auch das Spülbecken. Gleich daneben befindet sich die Dusche, erkennbar nur am diskreten Duschkopf an der Wand und einer kleinen Vertiefung im Boden.

Ursprünglich wollte Johannes Rudnicki, der mit viel Kreativität und erfolgreich darauf achtet, dass seine altehrwürdige Alpenmilchzentrale im 4. Bezirk nicht zur Industriebrache verkommt, etwas Neues auf dem Dach des Komplexes haben. Statiker und Behörden aber ließen das nicht zu: Mit dem Einbau von mächtigen Stahlträgern und der Errichtung – wie ambulant und temporär diese auch immer ausgesehen haben mag – eines Dachaufbaus wäre das ganze Projekt doch sehr teuer gekommen. Also entschloss er sich, von pool Architekten, die ihr Atelier seit Jahren in der Alpenmilchzentrale haben, das zur Wohnung machen zu lassen, was vorhanden war: den alten Wassertank oben auf dem Dach.

Die Planung dauerte eine ganze Weile, schließlich ist es eine veritable Herausforderung, ein derart geringes Volumen so praktikabel und komfortabel wie möglich zum Wohnraum umzugestalten. Letztlich erweist sich der Weg zum

**Links** Tagsüber verschwindet das Bett in der Wand und macht Platz für Tisch und Stühle. Ebenfalls variabel in die Wand gebaut ist ein Regal, das von einer Seite Kleiderschrank, von der anderen Seite Bücherregal ist.

wahrhaft Einfachen ja oft als ein besonders schwieriger. Der Umbau selbst ging dann sehr schnell und war innerhalb von zwei Monaten abgeschlossen. Zuerst schweißte man den Stahltank aus der Betonummantelung, außerdem wurde die ganze Fläche zum riesigen Dach aufgemacht und mit einer Glastür versehen, dann ein Estrich verlegt und eine Toilette eingebaut.

Das Ergebnis ist ein ungewöhnliches Penthouse von bloß achtzehn Quadratmetern, in dem Johannes und Evelyn Rudnicki mit viel Vergnügen immerhin ein Jahr lang lebten. Beide waren den ganzen Tag über unterwegs, arbeiteten und kamen abends, wenn sie sich oben auf dem Dach trafen, mit dem kleinen Raum gut zurecht. Schließlich gab es ja alles, was man in einer Wohnung braucht: Eine Dusche, eine Küche, ein Bett, Tisch, Regal und Schrank, nicht zu vergessen die Traumterrasse mit Blick über ganz Wien. Was brauchen Verliebte mehr? »Nichts«, sagt Evelyn Rudnicki heute noch, denn »es war immer ein Gefühl, als kämen wir aus dem Büro und dem Arbeitsalltag in eine Ferienwohnung.« In der Früh, wenn die Sonne hineinscheint in den kleinen, in jeder Hinsicht einfallsreich ausgestatteten Raum und man mit seinem ersten Kaffee hinausgeht aufs Dach, dann wähnt man sich eher auf einem luxuriösen Paris-Trip und nicht eine Stunde vor Arbeitsbeginn. Und abends, wenn das Bett noch in der Wand verborgen bleibt, dafür der Tisch im Raum steht, können rauschende Feste mit Freunden gefeiert werden – und keiner fühlt sich beengt.

Das Einzige, das sich als etwas problematisch herausstellte, war die Heizung, denn die ungedämmten Wände strahlten im Winter so viel Kühle aus, dass

**Oben links** Architektonische Feinarbeit ist der Küchenbereich mit dem Stauraum aus schlichtem Bauholz und dem zentralen Küchenblock aus Granit. | **Oben rechts** Heute wohnen Evelyn und Johannes Rudnicki mit ihren beiden Kindern direkt unter dem Penthouse. Die Stühle mit den Löchern in den Rückenlehnen – Entwürfe Roland Rainers aus dem Jahr 1951 – sind mittlerweile teure Klassiker.

die Fußbodenheizung nicht ausreichte, um ein angenehm warmes Raumklima zu schaffen.

Mittlerweile haben Evelyn und Johannes Rudnicki zwei Kinder im Alter von drei und fünf Jahren, womit das Penthouse als Wohnung eindeutig zu klein wurde. So haben sich die beiden im Stockwerk darunter eine große, loftartige Wohnung eingerichtet. Das Penthouse ist jetzt zwar manchmal das Büro von Johannes Rudnicki, hat von seinen Urlaubs-Qualitäten aber nicht das Geringste eingebüßt. Im Gegenteil, seit das Dach mit Rollrasen belegt ist, hat man noch stärker den Eindruck, bloß ein paar Stufen überwinden zu müssen – und schon ist man mitten in den Ferien.

## BIOGRAFISCHES

Evelyn Rudnicki, Jahrgang 1963, studierte an der Akademie für bildende Künste in Stuttgart, wo sie 1988 in Innenarchitektur und Möbeldesign, 1992 in Architektur und Design graduierte. Mit ihrer Zusammenarbeit mit BKK-2/Wien kam sie in die Bundeshauptstadt, wo sie 1998 mit Christoph Lammerhuber, Axel Linemayr und Florian Wallnöfer pool Architektur gründete. Das Team entwarf und entwickelte seit seiner Gründung eine Reihe von Wohn-, Büro- und Gewerbebauten, wofür es auch immer wieder Architekturpreise erhielt, darunter den renommierten Adolf-Loos-Preis für die nicht nur architektonisch, sondern auch als ungewöhnliches Wohnkonzept viel diskutierte »Sargfabrik« im 14. Bezirk in Wien. Zuletzt wurde obdo, ein Bau mit 35 Wohnungen in Wien 22, Oberdorferstraße, fertiggestellt (www.pool.helma.at).

# Savoir-vivre in Weißtönen

Stephan Ferenczy/BEHF, Wien

*Gegenüber* Weiß, hellgrau und ein cremefarbener Polyurethanboden – für Stephan Ferenczy der perfekte Hintergrund für jede Inszenierung, die der Augenblick zu schaffen versteht. Die ineinanderfließenden Bereiche Wohnraum und Badezimmer ästimiert der Genießer besonders im Winter, wenn der Raum dank Video-Beamer zum Kino mutiert, und er sich von der Badewanne aus epische Filmklassiker ansehen kann. | *Rechts* Farbe ist in dem monochromen Appartement durchaus erwünscht – allerdings als vergängliches Gut.

Chicago 1885 und 1889, New York City 1902 und 1913 – Wien 1932: In der Riege innovativer, himmelstürmender Architektur am Beginn des zwanzigsten Jahrhunderts findet sich Wien auf den hinteren Rängen. Zu sehr war man verliebt in eine Epoche und ihre Ästhetik, die 1918 abrupt endete, deren Atmosphäre man damals jedoch unter allen Umständen festhalten wollte. Kein Wunder also, dass Wiens erstes Hochhaus zum Ziel heftiger Angriffe und pointierter Polemiken wurde, zumal – nicht ganz unproblematisch und auch vom großen Josef Frank kritisch betrachtet – ein Konsortium aus Bauunternehmungen und der Österreichischen Credit-Anstalt für Handel und Gewerbe den Bau nicht nur inmitten des alten, gewachsenen Ensembles der Herrengasse in Wiens 1. Bezirk aufziehen ließ, sondern ihm zu allem Überfluss auch noch das alte Liechtenstein'sche Palais, ein Bau Fischer von Erlachs, weichen musste. Dabei nimmt man zwischen den barocken und gründerzeitlichen

Palais des Straßenzugs das Hochhaus gar nicht wirklich wahr, was daran liegt, dass der höchste Gebäudeteil durch seine zikkuratartige Abtreppung dem Blick verborgen bleibt. Mittlerweile, fast acht Dekaden nach der Fertigstellung, fügt sich das solide, funktionale Gebäude von Hans Jaksch und Siegfried Theiss als ein Solitär in die Fassung der Wiener Innenstadt, die ihm die Aura, etwas Besonderes zu sein, weit mehr verleiht, als es der Bau selbst ausstrahlt. Längst ist er keine Erregung mehr, sondern obligatorischer Bestandteil jeglichen Vademecums zu Wiens bauhistorischen Trouvaillen.

Betritt man heute das Hochhaus, schiebt sich unvermittelt die helle Seite der 1930er Jahre ins Bewusstsein: Fortschritt, Technik, Automatisierung, ein unverbrüchlicher Glaube an eine strahlende Zukunft. Soziokulturell rückten neue Begriffe in den Fokus: »Ledigenwohnungen« wurden zur Bauaufgabe, das Junggesellendasein zu einem Lebensstil, dessen Emanzipation es zu fördern galt. So nimmt es nicht weiter wunder, dass nur wenige Monate nach der Finalisierung des Baus sämtliche Singlewohnungen (ein oder zwei Zimmer, Bad und Vorraum) vermietet waren.

Vier dieser Wohnungen in einer der höher gelegenen Etagen hat sich Stephan Ferenczy nach und nach erobert – erst zwei, dann nochmals zwei – und sie aufgefaltet zu einer Enfilade aus ineinanderfließenden Räumen und Gängen.

**Oben links** Einen kräftigen, maskulinen Akzent setzen Palisander-Furniere. Die Küche ist nicht groß, aber praktisch und vollkommen ausreichend. Der Block im Vordergrund war ursprünglich als Arbeitsplatte geplant, hat sich aber – weil sich jede Wohnung und ihre Details letztlich mit der Zeit durch die Benützung definieren – zur »Landeinsel«, auf der Dinge abgelegt werden und sich bei Festen die Gäste anlehnen, verwandelt. | **Oben rechts** Von einer Grenze zu sprechen, wäre zuviel: Lediglich unterschiedliche Behandlungen der Wände und Böden – weiße Farbe und Polyurethan da, hellgraue Mosaikfliesen dort – definieren den Wohnraum und das Badezimmer, die insgesamt ein so originelles wie behagliches Refugium bilden.

**Diese Seite** Cineastische Assoziationen liegen auf der Hand: *E la nave va* oder *Master and Commander* – dass Stephan Ferenczy die Genehmigung erhielt, aus dem Gang von einem Gebäudeflügel zum anderen eine Terrasse zu machen, erfüllt ihn heute noch mit Glücksgefühlen. Für ihn ist es der pure Genuss, in und über der Innenstadt zu leben. Und tatsächlich, man hat hier oben das Gefühl, sich auf einem Schiff durch ein Meer aus Dächern zu bewegen. Die Adirondack-Stühle fügen sich perfekt ins Ambiente.

Die konsequent monochrom gehaltene Wohnung in abgestuften Weiß-, Hellgrau- und Cremetönen, akzentuiert nur durch da und dort verwendete Palisander-Furniere, steht in ihrem stoischen Flair nicht nur in einem klaren Kontext zur unaufgeregten Sachlichkeit des ganzen Bauwerks, sondern entspricht vor allem den Anforderungen, die Ferenczy an sein privates Ambiente stellt: Ruhe als Gegensatz zu einem strapaziösen Alltag, eine kalmierende Klarheit, die entspanntes Wohlempfinden auslöst, und auch ein eleganter, unaufdringlicher Hintergrund für den Auftritt farbintensiver und facettenreicher Augenblicke, die mit Freunden in die Wohnung kommen oder einfach mit einem bunten Strauß zarter Blüten. Eine Bühne für das nicht inszenierte Hier und Jetzt, dessen Perfektion aus der Spontaneität entsteht. Eine weiße Leinwand, die Spielraum lässt für Reflexionen und Gespräche über Gott und die Welt, Wahrhaftigkeit und die Frage, ob das restlose Vordringen zur eigenen Authentizität im Bereich des Menschenmöglichen liegt.

**Unten** Der Stadt entkommt man in dieser Wohnung nirgendwo. Stephan Ferenczy würde das auch nicht wollen. Die französischen Fenstern geben dazu das Gefühl, sich kurz vor dem Take-off für den Abflug zu befinden. Hinter dem weißen Wandelement befindet sich ein – je nach Bedarf zu benutzendes – Tagesbett oder Gästezimmer. Abtrennen lässt sich der Bereich mit der Tür zum Gästebad rechts hinten, die sich im eigentlichen Türrahmen oder an der Zwischenwand fixieren lässt.

**Rechts** Wie eine Zikkuratpyramide abgetreppt erstreckt sich Wiens erstes Hochhaus über insgesamt sechzehn Geschoße. Ganz oben befand sich das Hochhauscafé, das unter dem hübschen Namen »Café Sterngucker« Ziel von allerlei Karikaturen wurde. Nach dem Zweiten Weltkrieg war das Hochhaus in der Herrengasse als temporäres Domizil vor allem bei Burgschauspielern beliebt, und eine Zeit lang lebten hier unter anderem Curd Jürgens, Paula Wessely und Susi Nicoletti.

Einem gewissen Purismus entkommt dieses Appartement, in dem sich Berührungsängste mit dem extensiven Weiß mit dem Eintreten augenblicklich verlieren, nicht, doch er wirkt weder prätentiös noch artifiziell, weder kalt noch antiseptisch, sondern in seiner sachlichen Schlichtheit einfach aufrichtig.

Fulminant ist der Blick, den man von der Wohnung hat, zu der als unbezahlbarer Mehrwert eine traumhafte Terrasse gehört – ein omnipräsentes Prachtpanorama, dem aufgrund der geringen Tiefe der Wohnung nur durch das willentliche Verschließen der Jalousien zu entkommen ist. Wie ein Teppich aus lustvoll verteilten Formen und Farben breitet sich Wien vor den Augen des Betrachters aus. Da die Kuppel über dem Michaelertor, dort der prägnante Turm der Minoritenkirche, in einiger Entfernung über das Rathaus hinweg die beiden Monolithen des Neuen AKH und schließlich die grüne, hügelige Einfassung der Hauptstadt. Und über allem der Himmel, dessen zeitweilige temperamentvolle Veränderlichkeit zum eigentlichen Ereignis wird.

Zu Gast zu sein bei Stephan Ferenczy gleicht einem Flug über die Stadt, der man sich hier optisch so wenig entziehen kann wie ihrer manchmal lautstarken Musik. Martinshörner, Fahrradgeklingel, lautes Rufen, politische Demonstrationen, nächtlich-beschwipste Gutgelauntheit – die hoch oben gelegene Wohnung erdet sich selbstständig. Man fliegt und ist doch angebunden, bewegt sich in einer begreifbaren Freiheit, ohne dabei den Boden unter den Füßen zu verlieren.

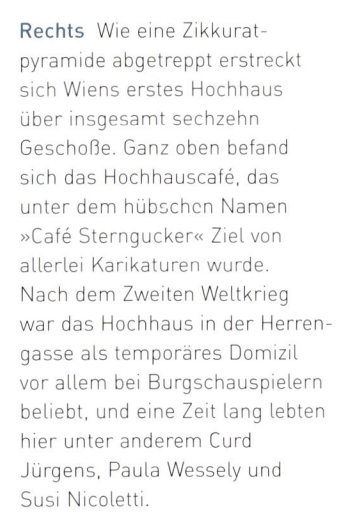

### BIOGRAFISCHES

Stephan Ferenczy, Jahrgang 1960, studierte zuerst Innenarchitektur und Möbeldesign an der Staatlichen Akademie der Bildenden Künste in Stuttgart, bevor er nach Wien zog, wo er das Architekturstudium bei Wilhelm Holzbauer an der Hochschule für Angewandte Kunst abschloss. Die projektbezogene Zusammenarbeit mit Susi Hasenauer und Armin Ebner führte 1995 zur Gründung von BEHF, das sich mittlerweile als eines der renommiertesten österreichischen Architekturbüros, dessen Wirkungskreis weit über die Grenzen des Landes hinausreicht, etabliert hat (www.behf.at; *siehe auch Seite 86, Susi Hasenauer & Armin Ebner*).

# Von der Gegenwart in die Zukunft

## Maria Auböck & János Kárász, Wien

*Gegenüber* Es ist ein Zauber, der über den beiden Innenhöfen der Familie Auböck-Kárász schwebt. Als wäre die Zeit aufgehoben, als würden Vergangenheit, Gegenwart und Zukunft zu einem ewigen Hier und Jetzt verschmelzen. | *Rechts* Eine Figur aus Eisenguss, nichts besonders Wertvolles, sagt Maria Auböck. Und doch – oszillierend zwischen Melancholie und Erotik ist sie ein nicht mehr wegzudenkendes Element des Gartens.

Fragt man Landschaftsarchitekten nach dem wesentlichsten Element ihrer Arbeit, gibt es eine Antwort: Es ist die Zeit, denn die vegetabilen Bestandteile, die Bäume, Gräser, Blumen, Büsche, brauchen eben sie, um langsam erst zu werden. Anders als Architekten, die – wie Ludwig Mies van der Rohe es ausdrückte – »sorgfältig Ziegelsteine zusammenfügen«, um nach Beendigung dieser Arbeit ihr Werk betrachten können, bleibt Landschaftsarchitekten dies verwehrt. Ihre Arbeit ist und bleibt *work in progress,* und das über Jahre und Jahrzehnte – der Park, der Garten, nicht nur die Pflanzen, sondern auch die baulichen Teile wie Wege und Plätze, die Module aus anorganischen Materialien wie Kies, Beton, Stahl: Sie alle verändern sich mit den Zyklen des Tages und des Jahres. So nimmt es nicht wunder, dass die beiden Architekten Maria Auböck und János Kárász, die in der Hauptsache in der Landschaftsgestaltung ihr Können und ihre Kreativität entfalten, Zeit als ein kostbares Gut betrachten.

Maria Auböck & János Kárász, Wien

**Diese Seite** Um der Schönheit des Gartens ikonografisch gerecht zu werden, müsste man hier eigentlich ein ganzes Jahr verbringen und alle Veränderungen, alles Blühen, Wachsen und Verblühen miterleben. Wunderbar wohltemperiert ist es hier an heißen Sommertagen, wenn der Innenhof auch vielbeschäftigte Menschen wie Maria Auböck und János Kárász zu – wenn auch seltenen – Mußestunden verführt.

**Oben links** Der Zusammenhang zwischen und das Ineinandergreifen von Innen- und Außenraum ist im Atelier Auböck-Kárász besonders evident. Glücklicherweise, denn die beiden verbringen den Großteil ihrer Zeit naturgemäß im Atelier.
**| Oben rechts** Ein Blick ins Archiv: Unverkennbar sind die vom Großvater und vom Vater Maria Auböcks gestalteten Gebrauchsgegenstände.

Respektierte Wurzeln in der Vergangenheit, vor allem jedoch eine schöpferische Gegenwart und eine lebendige Perspektive der Zukunft sind wesentliche Themen in dem hübschen Biedermeierhaus im 7. Bezirk, in dem Auböck und Kárász wohnen und arbeiten. Eigentlich sind es ja zwei Häuser hier in der Bernardgasse, die sich in eine ganze Zeile ähnlicher einstöckiger Gebäude fügen. Sie wurden alle ungefähr zur selben Zeit errichtet, zwischen 1830 und 1850, und beherbergten, als die Gegend noch Brillantengrund hieß, kleine Manufakturen. Um 1900 siedelten sich hier die Urgroßeltern von Maria Auböck an und gründeten eine Manufaktur für Wiener Bronzen. Ihr Sohn Carl, ausgebildet an der Akademie der bildenden Künste in Wien und am Weimarer Bauhaus, wo er Schüler Johannes Ittens war, übernahm die Manufaktur 1926 und führte sie in den Olymp internationaler Reputation: Bis heute sind die Gebrauchsgegenstände aus Bronze unverkennbar, die Carl Auböck schuf und mit denen er auf der Mailänder Triennale von 1954 vier Goldmedaillen gewann. Dass er außerdem ein überaus begabter Maler war und ein meisterliches Œuvre der klassischen Moderne hinterließ, ist leider viel zu wenig im Bewusstsein der Öffentlichkeit verankert. Der Carl Auböck der nächsten Generation, Maria Auböcks Vater, setzte die Tradition der Erneuerung fort: Er studierte Architektur und Design in den USA, brachte den bislang unbekannten Begriff des Industrial Designs nach Österreich, etablierte Auböck-Design in den internationalen Metropolen und leitete später eine Meisterklasse an der Hochschule für Angewandte Kunst.

Aus dieser Vergangenheit, die in manchen Teilen des Hauses nach wie vor spür- und sichtbar ist, entwickelte Maria Auböck gemeinsam mit ihrem Lebens- und Arbeitspartner János Kárász eine kreative Gegenwart: Ihre Thematik ist so innovativ, wie das gewissermaßen der Auböck'schen Familientradition entspricht, ihr räumliches und geistiges Zentrum, in dem die neuen Ideen entwickelt und realisiert werden, das Familienhaus in der Bernardgasse.

»Wohnen« ist für die beiden, denen Vierzehnstunden-Tage nichts Ungewöhnliches sind, ein relativer Begriff. Mehr als das Appartement im ausgebauten Dachgeschoß bewohnen sie wohl das Atelier im ersten Geschoß. Dennoch ist die Lebensqualität in diesem Haus sehr groß, was zu einem ganz wesentlichen Teil an den Innenhöfen liegt. »Wohnorte im Freien« nennt Maria Auböck sie, die beiden schattigen Karrees – Kleinodien in der Stadt, wo Innenhöfe viel zu oft zu Parkplätzen gemacht werden, weil die Menschen Autos brauchen, um ins Grüne zu fahren. Unabhängig davon, dass das Architektenpaar manchmal vor lauter Arbeit nicht weiß, wo ihm der Kopf steht, dass Maria Auböck ihrer Professur in München wegen fast die ganze Woche über nicht in Wien ist und die beiden aufgrund von Aufträgen in halb Europa unterwegs ist: Der Garten bekommt alle gewissenhafte und liebevolle Pflege, derer er bedarf, um auch in Hinkunft

**Unten** Die Verkleidung mit Holz im ausgebauten Dachappartement stammt noch aus der Zeit von Maria Auböcks Eltern Carl und Justine. Hier finden sich für Neugierige unzählige spannende Gegenstände, deren jeder für sich eine kleine Geschichte wert ist. Die Stühle zum Beispiel, eine Variante von Marcel Breuers Freischwinger, fand Maria Auböck vor Jahren auf einer Baustelle, auf der sie zu tun hatte.

Von der Gegenwart in die Zukunft

unvermindert Ruheoase und inspirierendes Ambiente sein zu können. Hier setzt die Zeit manchmal für Augenblicke aus, wird unerheblich, vereint Vergangenheit und Gegenwart für Überlegungen, die Zukünftiges zum Thema haben.

Wachstum und Pflanzen haben sich auch im Dachgeschoß einigen Raum angeeignet, ist die Wohnung doch da und dort eine Art Laboratorium, in dem verschiedene Pflanzen getestet und zu Freunden gemacht werden, um sie später guten Gewissens Kunden empfehlen zu können. Kommt man hier herauf, scheint man die Hektik der ersten Etage abzustreifen. Die warme Holzverkleidung macht ruhig, die vielen Stiche und Bilder an der Wand ziehen die Aufmerksamkeit ebenso auf sich wie das Sammelsurium aus Designerstücken, Trouvaillen und Souvenirs. Nichts hier oben ist formell, steif oder stylish: »Es ist schön«, sagt János Kárász, dem die Wohnung bis auf die Holzverkleidung ihr Gesicht verdankt, » wenn etwas aus dem Informellen heraus generiert wird.« Unregelmäßigkeiten, Asymmetrien, Zufälligkeiten – die Welt stellt sich so dar, und nicht glatt, symmetrisch und geplant, wie manche Architekten uns das glauben lassen möchten. János Kárász und Maria Auböck haben wohl auch mit diesem philosophischen Hintergrund ihre Arbeit zunehmend den Gärten und Parks gewidmet. Dass das langsame Werden der Pflanzen die Zeit, dieses kostbare, flüchtige Gut, zu einer kleinen Ewigkeit ausdehnt, ist ein weiteres Surplus.

**Rechts** Im schattigen, aber warmen Ambiente haben Maria Auböck und János Kárász ein Pflanzenlaboratorium eingerichtet. Hier werden Kaukasischer Wein, duftender Jasmin, Avocado, Ingwer, Banane und eine Fischschwanzpalme auf ihre Kunden-Tauglichkeit getestet. Gleichzeitig aber machen sich die beiden Landschaftsarchitekten die Pflanzen auch zu Freunden, mit denen man trotz allfälliger Capricen umzugehen lernt.

### BIOGRAFISCHES

Maria Auböck, Jahrgang 1951, studierte Architektur an der TU Wien mit dem Schwerpunkt Städtebau und gründete ihr erstes Atelier 1985. Sie unterrichtete an der Hochschule für Angewandte Kunst in Wien, an der Universität Innsbruck, an der TU in München, wo sie zurzeit eine Professur an der Akademie der bildenden Kunst hat. János Kárász studierte Architektur und Sozialwissenschaften in Wien, arbeitet seit 1978 als Architekt, Freiraum- und Landschaftsgestalter und befasste sich zudem mit Stadtplanung sowie zahlreichen sozial- und kulturwissenschaftlichen Untersuchungen und Projekten. Er unterrichtete an der Universität für Bodenkultur in Wien und an der TU Budapest. Das Büro Auböck-Kárász besteht seit 1987 und finalisierte seither zahlreiche Projekte, u. a. die Gestaltung des Platzes vor dem Schloss Schönbrunn, Plätze in Wien, Kufstein, Hall, den Thermenpark Blumau, die Bepflanzung des Regierungsviertels in St. Pölten, den Parco Sonoro in Salerno, die Außenbereiche des Interethnischen Wohnprojekts sowie der Autofreien Mustersiedlung in Wien (www.auboeck-karasz.at).

# Natur hautnah

## Hans Gangoly, Graz

**Gegenüber** Die Traditionen, auf die die architektonische Terminologie des Hauses von Hans und Andrea Gangoly zurückgreifen kann, sind vielfältig: Zu nennen ist vielleicht die japanische Manier, Landschaft und Architektur in einem harmonischen Miteinander zu verbinden, aber auch Ludwig Mies van der Rohe, der diese Tradition vor allem mit dem Pavillon in Barcelona aufgriff, sowie Walter Gropius und Adolf Meyer und deren »curtain wall« – eine Stahl-Glas-Fassade, die einem Vorhang gleich vor dem Baukörper hängt – werden hier zitiert. | **Rechts** Wie eine Skulptur kragt die Stahltreppe, die das Obergeschoß mit der Dachterrasse verbindet, aus der Ostfassade des Hauses.

Es ist ein ungewöhnlicher, ein unerwarteter Anblick: In einem idyllisch-ländlichen Ambiente zwischen konventionellen Nachbarbauten auf dem Messendorfberg bei Graz erhebt sich auf einem kleinen Grundstück am Rand eines Kürbisfeldes ein urban anmutender Sichtbetonkubus, aus dessen Obergeschoß ein mächtiges Stahlgebilde hervorkragt. Über eine schlichte Betontreppe gelangt man in das Haus des Architekten – und ist auf den ersten Blick rettungslos verliebt in die glückliche Ménage-à-trois aus Raum, Licht und Natur, die sich vor den Augen des Betrachters öffnet.

Das von außen wie eine schlichte Box wirkende Haus ist tatsächlich ein raffiniertes, dabei jedoch klares Konstrukt: Die Schmalseiten sind aus massivem Sichtbeton und tragen, unterstützt durch schlanke Stahlsäulen, Decke und Zwischendecke. Die beiden Längsseiten werden durch vom Betonkorpus abgesetzte Konstrukte verschlossen: Eine geniale Idee, denn dadurch, dass die Glas-

**Diese Seite** Das sogenannte »öffentliche« Erdgeschoß des Hauses: Ein offenes Raumvolumen, an dessen oberem Ende sich die Küche, an dessen unterem sich behagliche Polstermöbel befinden. Dazwischen ist genug Platz, um den freien Raum zu genießen, um atmen zu können. Doch der Raum endet nicht an der Glasscheibe, sondern bleibt offen mit der Landschaft und dem Licht draußen verbunden.

**Oben links** Vielfach sind die Bereiche des Hauses miteinander verbunden – nicht nur aufgrund der Notwendigkeit einer Treppe, sondern vor allem auch optisch, womit der Eindruck, sich in einem Haus und nicht bloß in einem Zimmer zu befinden, von jedem Blickwinkel aus erhalten bleibt: Die Glasplatte auf der Betonkonsole bildet ein horizontales Fenster zwischen unten und oben. | **Oben rechts** Im oberen, dem privaten Geschoß ist der Boden mit lose verlegten, lederbezogenen Paneelen bedeckt. Sich darauf barfuß zu bewegen, ist eine nicht alltägliche sinnliche Erfahrung.

flächen nicht in den Betonrahmen eingeschnitten, sondern mit Abstand auf den Korpus aufgesetzt sind, bleibt im ganzen Haus, ganz egal, wo man sich befindet, der offene, schwebende, transluzente Eindruck erhalten. Straßenseitig wurde dabei so viel Glas eingesetzt, wie notwendig ist, um dem Innenraum so viel Transparenz wie nötig zu schenken. Auf der Gartenseite dagegen hat man trotz der Verstrebungen den Eindruck, eine einzige Glaswand vor sich zu haben. »Was mir als Architekt und Bauherr in Personalunion einigen Stress verursachte«, so Hans Gangoly, »war, dass ich von einem veritablen Ideenüberschuss möglichst viel weglassen musste, um zu einem realisierbaren Plan zu kommen.«

Das Haus, das Gangoly vor gut zehn Jahren für seine Frau und sich baute und das rund 120 Quadratmeter Wohnfläche bietet, kommt im Inneren so gut wie ohne Türen aus: Gleich beim Eingang gibt es Stauraum und eine Toilette in einem abgeschlossenen Karree, und im oberen Geschoß hat das Badezimmer eine konventionelle Türe, das Schlafzimmer dagegen nur eine Schiebetür, die, wenn sie geöffnet ist, gar nicht wahrgenommen wird. So wird die vollkommene Kontinuität, der leichte und selbstverständliche Fluss zwischen unten und oben auf beiden Wohnebenen durch nichts gestört.

Die Funktionen der einzelnen Bereiche haben sich schnell herauskristallisiert: Das Erdgeschoß, ein großer Raum mit offener Küche auf der einen und bequemen Sofas auf der anderen Seite, wurde das sogenannte öffentliche Geschoß. Oben dagegen ist alles privat – das Schlafzimmer natürlich, aber auch der durch ein Schrankelement abgetrennte Raum daneben. Die Privatheit wird hier durch eine besondere innenarchitektonische Idee definiert: Der Boden nämlich besteht aus frei verlegten, mit dunkelbraunem Leder bezogenen Paneelen. So hat man, ist man die schwebende Treppe hinaufgestiegen, sofort und unvermittelt das Bedürfnis, die Schuhe auszuziehen. Nicht nur, um den Bodenbelag zu schonen, sondern auch, weil das haptische Empfinden des weichen Bodens so ungeheuer angenehm ist. Dass die kleinen Nichten des Architekten dieses Obergeschoß mit seinem elastischen Boden zu ihrem Lieblingsspielzimmer erkoren haben, ist wenig verwunderlich.

Unteres und oberes Geschoß sind vielfach verbunden, und zwar nicht allein durch die Treppe, sondern auch durch einen mit einer massiven Glasplatte bedeckten offenen Betonsockel in der oberen Etage: Was auf den ersten Blick wie eine große Konsole wirkt, ist tatsächlich ein horizontales Fenster zwischen den Geschoßen. Nirgendwo in diesem Haus hat man damit den Eindruck, sich

**Unten** Das Möbel hinter Hans Gangoly ist ein von beiden Seiten verwendbarer Schrank einerseits, ein Raumtrenner – dahinter befindet sich das Schlafzimmer – andererseits. Auf dem Schreibtisch Richard Sappers *Tizio*-Lampe. **| Gegenüber** Würde Hans Gangoly heute nochmals ein Haus für sich selbst bauen, würde er das Thema »Natur im Haus« architektonisch noch intensiver betonen: Das Naturerlebnis innerhalb des Hauses zu kontrollieren, wäre eine attraktive Herausforderung. Der Lattenrost der Terrasse wurde aus Bangkirai-Holz angefertigt, hinter dem Betonelement befindet sich, vor Blicken verborgen durch üppigen Bambus, eine Dusche.

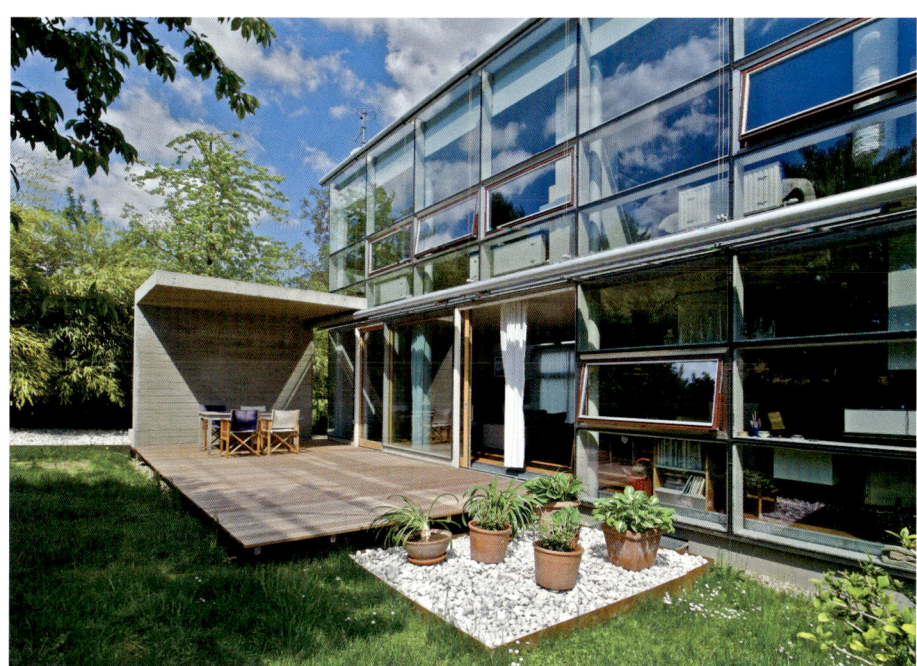

in einem Zimmer zu befinden, überall bleibt das großzügige »Hausgefühl« bestehen.

Ein wesentliches Element des Hauses ist der Garten, zu dem die Übergänge von drinnen sowohl physisch als auch optisch schwellenlos sind. Denn von innen betrachtet endet der Raum nicht mit der Glasscheibe, vielmehr bemächtigen sich die Natur und das Licht des Hauses und verändern es ununterbrochen. Bewegte Himmel, Regen, Schneefall, die Farben der Pflanzen (darunter Bambus, ein Ahorn, ein Kirsch- und ein Maulbeerbaum), der Jahreszeiten und des Wetters sind die wahren Protagonisten dieses Hauses und lassen die Qualitäten der Transparenz ohne jede Einschränkung zur Geltung kommen.

### BIOGRAFISCHES

Hans Gangoly, Jahrgang 1959, schloss sein Architekturstudium an der TU Graz 1988 mit Auszeichnung ab. Bereits 1997 holte ihn Günther Domenig mit einem Lehrauftrag an sein Grazer Institut für Gebäudelehre und Entwerfen, wo Gangoly seit 2007 die Professur innehat. Zu den bekanntesten und bestdokumentierten Arbeiten Hans Gangolys zählen die beiden Häuser Schmuck 1 und 2, das Bürogebäude der KPMG in Wien, die GAT Formulation Chemistry in Ebenfurth (NÖ), aber auch Revitalisierungen, Umbauten und Adaptierungen wie der Herzogshof, die Boutique Vogue oder die ehemalige Stadtmühle in Graz (www.gangoly.at).

# Das multifunktionale Wohnhaus

Gerd & Inge Zehetner/archiguards, Wien

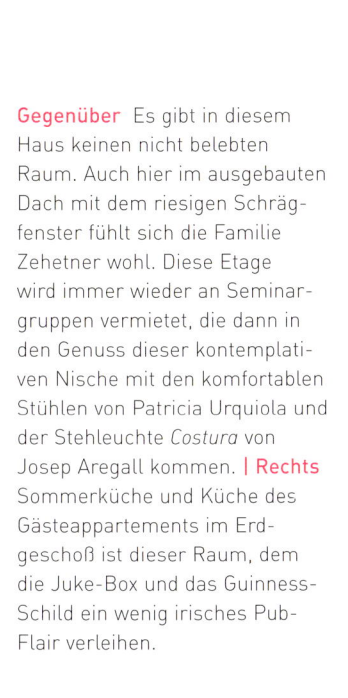

**Gegenüber** Es gibt in diesem Haus keinen nicht belebten Raum. Auch hier im ausgebauten Dach mit dem riesigen Schrägfenster fühlt sich die Familie Zehetner wohl. Diese Etage wird immer wieder an Seminargruppen vermietet, die dann in den Genuss dieser kontemplativen Nische mit den komfortablen Stühlen von Patricia Urquiola und der Stehleuchte *Costura* von Josep Aregall kommen. | **Rechts** Sommerküche und Küche des Gästeappartements im Erdgeschoß ist dieser Raum, dem die Juke-Box und das Guinness-Schild ein wenig irisches Pub-Flair verleihen.

Von außen betrachtet sieht das solide und dennoch zierliche Biedermeierhaus im 18. Bezirk sehr traditionell, sehr konventionell aus. Man sollte sich aber nicht verführen lassen, von der Hülle auf das Innenleben zu schließen, sondern lieber bar jeglicher Erwartung eintreten, und zwar auch dann, wenn man hier schon einmal zu Gast war. Denn zu wissen, dass das Interieur des Hauses nichts weniger als konventionell ist, reicht noch lange nicht aus – hier, bei Gerd, Inge, Stella und Leon Zehetner rechnet man am besten mit dem Unerwarteten. Wer weiß, wenn man nach einiger Zeit wiederkommt, wohin in der Zwischenzeit das Wohnzimmer gewandert ist, welche Möbel das Esszimmer zieren, oder ob die Kinder vielleicht doch ein paar Möbelstücke aus ihrem Zimmer in ein ganz anderes transferiert haben? Da können die Räume des Hauses schon zu Suchbildern nach Wiedererkennungsmerkmalen werden. Diese Mobilität ist die unabdingbare Wohnprämisse: »Bei meiner täglichen Arbeit als

Architekt«, so Gerd Zehetner, »muss es natürlich für alles einen Plan geben. Für unser Haus darf es keinen geben.« So bleibt alles flexibel und herrlich unkompliziert.

Und das ist noch lange nicht alles, was hinter der freundlichen Fassade des Hauses zu entdecken ist. Ganz unten gibt es einen gut ausgestatteten Weinkeller, darüber, im Erdgeschoß, ein Appartement, das manchmal von Gästen bewohnt wird, manchmal von Au-Pair-Mädchen, manchmal von jemandem, der ein paar Wochen Ruhe zum Arbeiten braucht. In der ersten Etage liegt die Wohnung der Familie Zehetner und ganz oben im ausgebauten Dach ein multifunktionaler Raum, in dem im Wesentlichen gearbeitet wird. Allerdings tun das hier nicht nur Gerd und Inge Zehetner, sondern häufig auch verschiedene Seminargruppen, denn diese Mansarde wird, so wie auch das Appartement, gegebenenfalls vermietet. Nicht zu vergessen der romantisch-verwunschene Garten, wo sich nach der rauschenden Hochzeit von Inge und Gerd Zehetner gezeigt hat, dass er sich wunderbar für Feste und Veranstaltungen eignet.

Die klare Gliederung der rein architektonischen Anlage wiederholt sich eindeutig nicht im Interieur. Das ist vielmehr ein Kaleidoskop aus Farben und Formen, Alt und Neu, zeitgenössischem Design und Trouvaillen vom Flohmarkt. Gerd Zehetner nämlich ist Sammler, oder besser – wenn man sammeln mit der Spezifizierung von Objekten oder Epochen verbindet – fantasiebegabter »Nicht-Wegwerfer«, dem gemeinsam mit seiner Frau zu jedem Stück, das ihm in die Hände kommt, etwas einfällt. Da werden alte Türfüllungen zu Kaminumrahmungen, ein Zahnarztstuhl aus den 1950er Jahren zur Rauminstallation, eine Juke-Box zum Kücheninterieur. »Ich habe zwei sammelnde Großväter. Einer davon,« erzählt Gerd Zehetner über einem Glas Sancerre, »sammelte mit Ken-

**Oben links** Zurzeit das Wohnzimmer, wo ein Sofa von Ikea, das von einem dekorativen französischen Stoff bedeckt ist, mit sicherer Hand dem ungewöhnlichen Raumteiler von Ronan und Erwan Bouroullec »unterstellt« wurde. | **Oben rechts** Auch die Küche blieb nicht verschont von Gerd Zehetners Sammelleidenschaft. Doch das ist halb so schlimm, ist doch alles, was er hier einbringt, funktionstüchtig. Das ist gut so, denn wenn sich im Dachgeschoß Seminargruppen über ein, zwei Tage einmieten, besorgt Inge Zehetner das Catering.

Das multifunktionale Wohnhaus

nerschaft edle Antiquitäten, die wir als Kinder weder anrühren, geschweige denn benutzen durften. Im Haus des anderen dagegen konnten wir in ein gefährliches Universum erkletterbarer, wundervolle Abenteuer versprechender Alltagsdinge eintauchen. Da war sogar ein Feuerwehrauto und eine Lokomotive der Ischlerbahn dabei! Ich gehe mit den Objekten auf meine Art um: Bei uns muss alles benutzt werden können, Gebrauchsspuren bekommen, nichts darf einfach herumstehen, weil es ein Sammelobjekt ist. Und am schönsten finde ich all die Stücke, wenn sie sich an diesem sensiblen Übergang zwischen Patinahaben und Kaputtgehen befinden.« Dieses funktionalistische Prinzip, dass jeder Gegenstand, und mag er noch so an- oder sogar hinfällig sein, in den täglichen Gebrauch eingebunden ist, bringt neue Frische in die saturierte Aura des Alten.

Und diese Lebendigkeit ist es auch, weshalb sich das Alte ganz ausgezeichnet mit dem modernen Design von Patricia Urquiola oder Ronan und Erwan Bouroullec versteht. Die Summe und das Zusammenspiel all dieser Elemente schafft ein freundliches, einladendes Haus mit einer warmen und vor allem ganz lockeren Atmosphäre. Die einzige Gefahr, die hier besteht, ist, Anflüge des Stendhal-Syndroms – jene sinnliche Überwältigung durch ästhetische Impulse, die der Dichter in Florenz erlebte – an sich zu bemerken.

**Rechts** Der zweite Wohnraum als Cocktail innenarchitektonischen Witzes und kompositorischer Unverfrorenheit: Rechts der transparente *Le Marie* von Philippe Starck, davor Charles und Ray Eames' *Lounge Chair*, links hinten ein alter Zahnarztstuhl, an der Wand hinter dem Flügel Gerd Zehetners Freihand-Assoziation auf eine Roy Liechtenstein-Ausstellung, und der Bar rechts hinten würde etwas fehlen, hätte sie den Flamingo nicht.

---

### Biografisches

Gerd Zehetner, Jahrgang 1972, studierte an der TU Wien Architektur und gründete 1995 gemeinsam mit Andreas Heizeneder, Alexander Nieke und Arnold Pastl archiguards® projects. Das Architekturbüro machte sich bisher sowohl durch sein sensibles Umgehen mit Bauherren und Projekten als auch durch die besonders kreative Umsetzung der Aufträge (darunter der Büroumbau für Deloitte, das Headoffice eines Softwareentwicklers, aber auch private Wohnbauten) einen hervorragenden Namen.

Inge Zehetner, Jahrgang 1970, absolvierte ein Kolleg für Innenarchitektur und arbeitet unter dem von ihr gegründeten Label airture seit einigen Jahren eng mit archiguards zusammen (www.archiguards.at, www.airture.at).

# Die Sehnsucht des Nomaden

## Peter Lorenz, Innsbruck–Triest–Wien

**Gegenüber** Kurz, bevor die Sonne am Horizont versinkt, schenkt sie der Wohnung ihre schönsten Augenblicke. Streiflicht fällt über die Decke und taucht den schlichten Raum in ein unwirkliches, goldenes Licht. Das ursprünglich verwendete Weiß für das Interieur stellte sich in diesem Licht als viel zu hart und aggressiv heraus und wich einem sanften Grau. | **Rechts** Sottolfaro – unter dem Leuchtturm: Unter dem Denkmal aus der Ära Mussolinis wagte Peter Lorenz einen zeitgenössischen Impuls und sah sich dafür Spott, Häme und Widerstand ausgesetzt.

Der Blick, den Peter Lorenz von der Terrasse seines Appartements in der Villa Sottolfaro hat, begleitet ihn bereits sein ganzes Leben. Hier, auf diesem Stück Land knapp unterhalb des Leuchtturms von Triest, wuchs seine Mutter Elda auf, hier verbrachte er selbst die Ferien seiner Kindheit, hier möchte er, der ständig unterwegs ist (und manchmal befürchtet, das Dreieck Innsbruck–Wien–Triest könnte sein persönliches Bermudadreieck werden), liebend gerne sesshaft sein – mit einem Horizont so weit und so fern, dass er alle Verwirklichungen zu versprechen scheint. Doch wen Gott wirklich prüfen will, könnte man meinen, dem erfüllt er seine Wünsche: Der Architekt, dem »das Schaffen eines Ortes« weit wichtiger ist, als »das marketingorientierte Suchen nach einem persönlichen ›Stil‹«, hat immer davon geträumt, hier einen Idealbau zu errichten, eine Villa, ein Haus, das so leicht, so schwebend, so selbstverständlich ist wie das Meer und sein Horizont. Als Lorenz das Areal erbte, realisierte

**Diese Seite** Sechs Appartements unterschiedlicher Größe befinden sich in der Villa Sottolfaro, die sich auf ihrer steilen Hanglage unter der Strada del Friuli in drei Etagen teilen. Die Wohnung von Peter Lorenz liegt in der obersten, ist an zwei Seiten vollkommen offen und so mit einem Meerblick gesegnet, der Triestern alltäglich sein mag, den meisten anderen Menschen aber als der Traum vom wahren Leben erscheint.

**Oben links** Einen wesentlichen Anteil am »Projekt Sottolfaro« hatte die Triester Architektin Giulia Decorti. | **Oben rechts** Peter Lorenz, Grundeigentümer, Bauherr und Architekt in Personalunion, erschien es wesentlich, jedem der sechs Appartements denselben Grad an Privatsphäre zu geben und vor allem den Meerblick zu demokratisieren, was er durch versetzte Ebenen erreichte.

er seinen Traum, ging das Wagnis ein, Architekt und Bauherr in Personalunion zu sein – und musste lernen, dass mancher Traum das Potenzial eines Albtraums in sich trägt. Anfänglich, unter Triests berühmtem Bürgermeister Riccardo Illy, war alles problemlos. Lorenz' Pläne für eine dreigeschoßige Villa von geradezu revolutionärer Luzidität und Transparenz wurden nicht nur genehmigt, sondern mit viel Applaus bedacht. Gemeinsam machte man Triest eine tief empfundene Liebeserklärung, war stolz auf die Stadt und wollte sie – die eigentümliche, die immer noch aussieht wie Wien am Meer und sich nicht entscheiden kann, ob sie weiterhin die morbiden Walzer ihrer Vergangenheit tanzt oder endlich den Schritt in die Gegenwart wagt – durch nichts als pure Schönheit bereichern.

»Wenn die Freundlichkeit an den Falschen gerät, gebiert sie die Verzweiflung«, schrieb Baudelaire. Man hatte die Rechnung ohne die Triester gemacht, und zu allem Überfluss wechselte dann auch noch die Kommunalregierung. So befand sich Peter Lorenz bei allem, was folgte, mehr als einmal am Rande der Verzweiflung: Verleumdung und Missgunst – personifiziert durch sich hyänenhaft gebärdende Medienvertreter –, die bis zu Baustopps führten, folgten ihm eine Weile auf Schritt und Tritt. Doch Lorenz gab nicht auf, ließ sich durch Widerstand nicht beirren und durch eine bösartige Presse nicht korrumpieren. Schließlich sagt die Aufregung nichts aus über ein Werk, sondern nur über den Betrachter. Lorenz unterwarf sich nicht, blieb mutig und nervenstark und vollendete seine Villa Sottolfaro.

**Diese Seite** »Dieses Haus«, sagt Peter Lorenz, »ist vollkommen einfach konzipiert: Es gibt nur den Meerblick – alles andere ist dem untergeordnet.« Feuerverzinkter Stahl und auch ein Stahlnetz als Brüstung der Terrasse erwiesen sich als jene Materialien, die die Transparenz der Villa am stärksten unterstützen. Glas hätte im gleißenden Licht der Adria zu stark gespiegelt.

Abgewandt von der dahinter verlaufenden Strada del Friuli, von der aus nur die Spitze des Aufzugturms und ein Carport erkennbar sind, wendet sich die Villa ganz dem Meer zu. Ihre Fassade wirkt wie die Stilisierung von sanften Wellen, die an den Strand schlagen – regelmäßige Unregelmäßigkeit in einem der Musik entlehnten ansteigenden Rhythmus. Jeder Blick auf die Villa ändert sich mit dem Standpunkt des Betrachters, bleibt jedoch unvermindert faszinierend in der grafischen Linienführung, die nur zwei Wörter zu schreiben scheint: Luft und Licht. Am Fuß des Leuchtturms schwebt die Villa Sottolfaro am Hang über dem Meer und vermittelt unendliche Leichtigkeit – als hätte sie sich nur der Freundlichkeit halber hier niedergelassen, in schöner Freiwilligkeit, die jedoch so sensibel ist, dass sie, die Villa, sich auch jederzeit losmachen könnte von ihrem Grund, um übers Meer davonzufliegen.

### BIOGRAFISCHES

Peter Lorenz, Jahrgang 1950, studierte Architektur an der TU Innsbruck, gründete sein eigenes Büro 1980 und schloss 1984 mit dem Dottore in architettura das fortführende Studium in Venedig ab. Zahlreiche Forschungs- und Lehraufträge führten ihn u. a. nach Triest, Neapel, Ahmedabad, Mumbai, New Delhi und Hongkong. 1991 eröffnete er sein Büro in Wien. Seine architektonischen Realisierungen umfassen alle Größenordnungen – vom Waschbecken über Einfamilienvillen bis zu großräumlichen, städtebaulichen Planungen –, deren bekannteste u. a. das Einkaufszentrum Q19 und das Hotel Das Triest in Wien, Mpreis und »Wohnen zur Sonne« in Telfs sowie das Büro- und Wohnhaus Conrad 3 in Innsbruck sind (www.peterlorenz.at).